U0165584

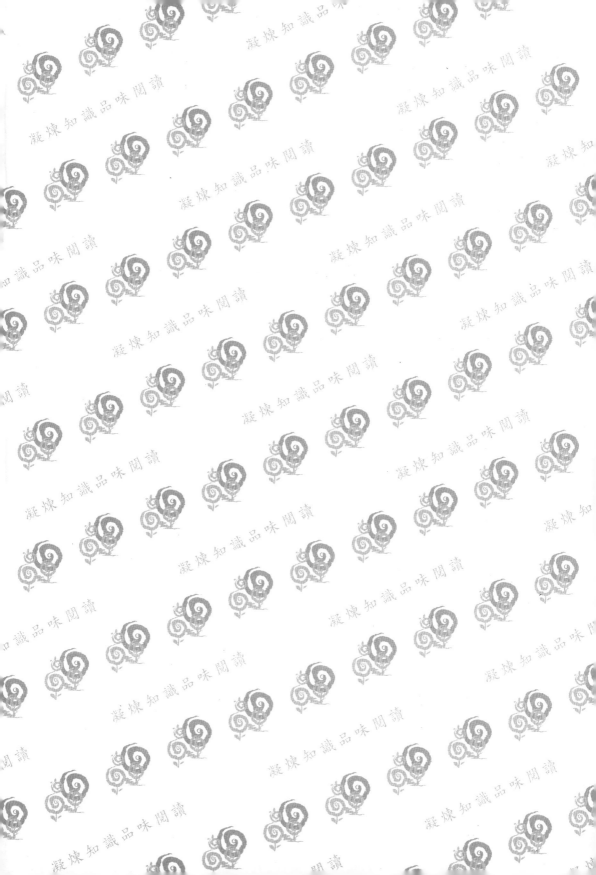

氣的跨文化思考

王船山氣學與尼采哲學的對話

—— 劉滄龍 — 著

五南學術叢刊

序 言

　　在全球經濟一體化的趨勢中，一方面國家界限愈趨模糊，不同文化間的交流越趨緊密；另一方面，肇因各種政經歷史爭端而引發的文明衝突也愈演愈烈，極端民族主義思潮再起，排外的仇恨言論與暴力行動此起彼落。歷史終結論的樂觀聲調不再，文明衝突論取而代之。兩次世界大戰的教訓才過半世紀不久，人類便彷彿要急著走上歷史的回頭路。不同文明、宗教與政經制度的交會，往往囿限於族群、民族國家的視野，且以現實利益為考量，在折衝、爭鬥與妥協中但求自保或貪婪擴張，更多有假借信仰與解放、自由與正義之名，行壓迫仇殺、爭權奪利之實。既然國際間的調停始終被強權政治與利益交換所壟斷，至少可以另闢蹊徑，例如在最基礎的生活交往中，儘可能地推動文化間際的認識與互動，扼制歧視與偏見的散播，在思想的層次則要為文化對話尋求哲學的基礎。此一提案雖然看似緩不濟急，但卻是不可繞開的根本工作。只有促進彼此理解、相互承認，尊重生活方式的差異性，才能逐漸消融文化隔閡，避免陷入敵視、仇恨的惡性循環。

　　一二百年來，民族國家在全世界的興起，與民族主義的發展密切相關。民族國家對內能否凝結為一體，擁有共同的國家認同，對外是否能作為獨立的政治實體擁有主權，與其他國家平等往來，都不是件容易的事。更何況要跨越種族、宗教、文化的界線，讓不同族群文化在自由開放的狀態下彼此尊重、互惠合作，更是困難重重。阻隔文化間際溝通最為明顯的一個障礙，是排他、本質主義式的文化認同，它表現為激進、仇外、擴張（或封閉）的民族主義。如何在思想上回應此一危險的歷史趨向，有其迫切的現實需求。

　　跨文化思考的任務即是批判具有暴力性質的同一性思想，並且闡釋健康而有活力的文化發展條件，立基於文化自身異質性與同一性的共構交織關係，承認文化的內在他者性，不僅有助於自我理解而且能

開啓文化對話的動能。本書探討王船山的氣學思想，在方法上借重尼采哲學的視角，並主張「二氣交感」的氣的思維具有跨文化的思想潛力。我們將從王船山對《易》、莊子、張載氣的思想的詮釋入手，闡明陰陽二氣、交感生化的思想，如何在儒道兩家的思想交錯中顯示出創造性。源自先秦在明末發展成熟，至王船山達至顛峰的氣學，從跨文化的視角加以詮釋，不僅能夠揭示古典中國思想的當代性，也可開發華夏文化蘊涵的跨文化潛能。在跨文化方法上，之所以借重尼采的哲學思路，是希望將他對歐洲文化的批判性檢視，納入跨文化互動中與氣學對話，或許我們將因此有機會跨越西方現代性的限制，逐步走出以歐美為軸心的哲學範式，提出具有跨文化意涵的時代診斷。跨文化對話的目的是，讓文化的差異、矛盾與衝突，有機會轉化為文化再生的條件，而不是彼我敵視的來源或藉口。

　　本書第一章初稿草成於父親病時臥床之際，其中若干想法牽引貫穿著全書，如今書稿既成，父親形具雖歸天地，誠信其神仍存、同流大化。書中各章在撰寫時，有賴師友、學生在各種形式的論學中多方啓益，該答謝的人太多，實難一一縷述，暫且銘感五內、默而存念。謹燃心香一柱，以此書告慰先父在天之靈。

2016年丙申正月誌於臺灣師大

目　錄

導　論

一、跨文化作為方法

　　本書以王船山對《易》、莊子、張載氣學的詮釋作為主要的文本討論範圍，從跨文化的進路探析氣的思想。關於跨文化方法，多憑藉尼采哲學的啓發，以闡明「二氣交感」的氣的思維所具有的跨文化潛力。書中主要對話的二位哲學家王船山（1619-1692）、尼采（1844-1900），跨越中國、歐洲不同時空、文化脈絡，把他們的思想匯聚在「氣」此一特殊的概念上來對話討論，看起來有相當的任意性與偶然性。然而，本書力圖證明的是，當前的時代處境正需要以綜合的眼光來提取這二位具有高度批判性思想家的卓識，以跨文化對話的方式串接他們的思想，使其既具超越時空限制的普遍性，又特別能切中當下具體的時代處境，提供某種批判性診斷。

　　本書設定的跨文化對話主軸，試圖把王船山的氣學置入當代社會的語境，引入尼采對歐洲現代性的反思來溝通古典中國氣學與當代歐洲批判思想的互動。在王船山氣學的部分，涉及他對《周易》、莊子與張載氣學的詮釋。在與歐洲思想的對話中，除了十九世紀的尼采之外，也將旁及當代法蘭克福學派的哲學家霍耐特（Axel Honneth）與孟柯（Christoph Menke）對自由的討論，以展開「氣」的政治、社會哲學向度。「氣」這個超過二千年發展歷史的觀念，或許在此一實驗性的跨文化哲學書寫當中，能夠再度展現思想的活力，煥發古典新義。本書另有二篇附錄，討論的內容雖然並不涉及書中主要討論的王船山氣學及尼采哲學，然而在方法上運用本書一貫的跨文化思考，以同樣的進路探討二十世紀的當代儒學發展與政治、社會的關聯，可以作為本書主要論題的延伸與補充。

　　當代社會陷入民族主義同一性思維的困境，不論回到古典時代尋找民族文化的歷史根源，或者在現代法權社會的制度性革新中尋求社會統合的基礎，都有著排斥差異追尋純粹同一性的傾向。否認文化自身的混雜性與跨文化性，是當代文化陷入危機的關鍵所在。不論王船

山批判地溝通儒道思想，或者尼采返回古希臘文化理想批判柏拉圖主義與基督教思想，都包含一種思想潛能足以展示文化與跨文化的內在關聯，這是他們共通的思想特性——肯定差異才能因應混雜性所蘊涵的危機與轉機。進一步就思想內容來展開兩者的對話，王船山氣的思想與尼采系譜學，尤其可在筆者所提出的「內在他者性」此一概念展開對話，並且藉此批判同一性思維的僵固與暴力，重新啓動具有開放性的文化活力。

尼采系譜學拒絕以同一性根源來解釋文化，而是肯定歷史的生成與差異的必要性。這個觀點特別能爲陰陽二氣的思想提供新的詮釋角度，即承認陰陽二氣沒有自身的本體，而是不斷在生成中互爲對方的內在他者——陰中有陽、陽中有陰，肯定自身內在的陌異性才能理解運動變化，並且認識到主體在生成中自我轉化的必要性，而不是以排斥差異的方式否定歷史與自我轉化。

作爲方法的跨文化進路，不只是一種研究方法，而毋寧是一種文化信念。尼采認爲古希臘人的創造性來自於熟練地模仿和完善周遭世界的一切，他們善於擺脫成見，是個「學習者」（Lernende）的民族，而絕非狹隘的地域主義者。因此，古希臘人和尼采所冀望的未來歐洲人有著本質的關聯，他們都在活躍的文化交流中學習、創發。[1]尼采哲學若在回顧希臘文化中預視了跨文化的未來，我們是否有可能秉持跨文化的信念來詮釋富有古典中國思維特色的「氣的思想」？儒家社會難道不也表現出「學習者」的文化型態，在與佛道及西方思想的互動中或抗衡或融會地發展？本書之作便是此一方法的嘗試。

倘若跨文化有其主體性，或許是在充滿張力的異質文化彼此交錯

---

[1]　參見尼采寫於1875年春夏之間的手稿，例如KSA 8, 5[65], S. 59; KSA 8, 5[114], S. 70; KSA 8, 5[155], S. 83. 本書所引用的尼采著作均出自Giorgio Colli和Mazzino Montinari所編的《尼采全集：15冊考訂版》（Friedrich Nietzsche: Sämtliche Werke. Kritische Studienausgabe in 15 Bänden, hrsg. von G. Colli/M. Montinari, München/Berlin/New York: Walter de Gruyter & Co, 1980.），並縮寫爲KSA。KSA後的數字分別代表卷數、書名或手稿編碼及頁碼。

流衍的過程中生成的主體，它以虛化自身並涵容異質性他者的方式來形塑成統一的主體。「分化」[2]和「同化」[3]的雙重作用，使得有創新能力的文化在內外交錯的跨文化境域中保有生機活力。因此，跨文化作為所謂的方法絕非僅是抽象的思維方式，而是讓文化富有生機的實踐形式。愈是具有創造力又氣度恢宏的文化型態，愈是有意讓既有的文化內容在不斷虛化中納受異質性的他者，以保持主體的內在多元性，因為這有助於文化展現生成與形塑的創造性力量。

　　相反的，若文化愈來愈封閉保守，想要固著在某種特定的形式或特徵來自我標示，排除異質性、追求純粹性就成了自我保存的機制，這也是文化衰落的徵兆。全球化時代，不同地域的文化交錯日益深化、複雜化，其速度與規模或許過快過大，某種反撲的力量正在醞釀成形，於是排他性的對抗愈來愈激烈，毀滅性的衝突趨勢正在上升。兩次世界大戰的陰影本來以為已是二十世紀的昨日黃花，那揮之不去的歷史噩夢如今似又悄然來襲。若是歷史執意走回老路，那麼跨文化作為不合時宜的方法，其任務之一便在於批判當前再度復甦的激進文化保守主義與本質主義式的文化認同，並在思想上說明為何跨文化的開放流動，有益於促進不同文化背景的人們彼此理解合作，而不是繼續製造更深的敵我意識、累積更多的歷史仇恨。跨文化的開放流動並非在當代的政治經濟全球化才特有的現象，而是自古有之，東西方皆然。中國的春秋戰國至秦漢大一統之際，歐洲的希臘羅馬時

2　尼采從生命哲學的角度對承載著歷史的文化提出看法，他主張：「為了生命的目的，人必須擁有力量，並且運用力量去打碎和分解過去。」KSA 1, S. 269.在本文中「分化」指的是對歷史文化進行批判的「分解」能力，前面提到的「虛化」有相近的意思，跟莊子氣的思想有關。關於「同化」與「分化」，第三章第二節將會進一步闡述。

3　「同化」指的是文化形塑統整的能力，同樣引尼采為例：「文化首先是一個民族所有生活表現中藝術風格的統一。擁有許多知識既不是文化的必要手段，也不是它的表徵，甚且會在必要時恰好就是文化的對立者——野蠻，換言之就是毫無風格，或者所有風格雜亂地拼湊。」KSA 1, S. 163.

代，文藝復興以降的地理大發現時期，都是較爲熟知的跨文化流動興旺的年代，說跨文化早已是人類文化自我更新的重要形式而非特有現象當不爲過。

中文的「文化」一詞指的是「以文化之」，也就是「以文治來教化」。「文治」相對於「武力」而言，也就是用文教來化治而不是以暴力逼迫臣服。「文」本來表示線條、顏色的相雜交錯，[4]因而有華麗文采之意。相對於華麗的「文」，則有粗樸的「質」，因此又有文質相對之說。孔子希望折衷文質，而說：「質勝文則野，文勝質則史。文質彬彬，然後君子。」（《論語・雍也》）孔子認爲周文而殷質，也就是說周代文明鼎盛，已有虛文矯飾的現象，他希望以較古樸的殷商文化救治周文。殷、周是不同的氏族文化，孔子嚮往周文，他說：「郁郁乎文哉，吾從周。」（《論語・八佾》）因爲周代的禮文相較夏商更爲完備。孔子身爲殷商貴族之後，當也對商文化有一定程度的了解，他想要折衷殷、周文化，或許也可說是運用跨文化的交錯批判地重構當代文化。

古典中國的文化觀是浟浟大度的天下文化。《易・賁・象》云：「剛柔交錯，天文也；文明以止，人文也。觀乎天文，以察時變；觀乎人文，以化成天下。」人文世界的政治經濟活動，和四時節候的自然變化有密切的關係，所以聖人要仰觀天文、俯察地法，以通達人情

4　《易・繫辭下》：「物相雜，故曰文。」根據《說文》，「文」是指「交錯的紋理」。《說文》：「文，錯畫也，象交文。」〔漢〕許慎撰，〔清〕段玉裁注：《說文解字注》（臺北：洪葉文化，2005年），頁429。至於「化」，在古籍中主要是指天地的化育、陰陽的變化。現代中文「文化」連用，可以將「文」當名詞，若對應於古籍的用法可指「文治」或「禮文」；「化」是動詞，是「化育」、「裁成」、「教化」的意思，在古籍中則通常是跟著主詞尤其是天地或聖人的化育來說。當然，現代人一看到「文化」，輕易地便會聯想對應到西文的cultura/culture/Kultur，西文的「文化」從拉丁文一開始即強調非由自然變化而成，而是經由人爲的加工、培育方能養護而成。人／天、人爲／自然的分合關係中西如此相異，值得注意。

事理。自然時序的變化有內在運作的原理，即陰柔陽剛二氣的交錯運行。陰陽二氣交感運行的世界觀是中國古代文明的科學觀，它是一套結合自然現象與人文規範的世界觀。從今天自然科學的角度來看，許多成分固然已有除魅的必要，但是背後蘊藏的自我理解與世界認識相當豐富，尤其是人文活動和自然現象之間的呼應與連動關係，對於當代背離自然的世界觀有其批判意義，一概視爲天人感應的迷信，或過時的氣化宇宙論，殊爲可惜。

　　人文社會的裁成教化，對《易傳》的作者來說，也依乎天文之道，與二氣的交感有關。「化之以文」的文治事業，當如陰陽二氣的交感化生，在交錯變化之中安和棲居而不致散亂流蕩，則文明以止，四方來服。《易‧繫辭下》且云：「子曰：『天下何思何慮？天下同歸而殊途，一致而百慮。』」此處言及的「天下」，彷彿也雜揉了自然與人文，意指不論是自然現象或人文社會，都是在無心無爲的狀況下，既造就了一致性的同化規律，又是異質性的分化開展，「一」／「異」、「常」／「變」的交錯是天下之所以爲天下的本質。從這點來說，《易傳》的天下觀早就說明了某種跨文化─異交錯、常變輪替的現象，只是它更廣大悉被，是連通著自然與社會來說的。

　　作爲方法的跨文化，如前述所提及的「虛化」一詞已用到了跟莊子相關的氣的思想，正如他在〈人間世〉所說的：「氣也者，虛而待物者也。」主體愈能虛化自身愈能回應外物。此一虛化的工夫莊子稱之爲「心齋」，它的意義絕不能侷限在離群避世的隱士修養之道，而可以是通及於政治社會的應世之道。「氣的工夫」在虛化自身中回應外物便當蘊涵著某種具有政治意涵的「複數主體」或「內在多元的主體」。「他人」不再是外在於主體的外部他者，而是內在於主體不斷虛化自身又涵容他者的過程中成爲在內外交纏、同情共感的內在他者。換言之，若從主體內部便能肯定其「內在他者性」（Die Andersheit im Selbst），[5]那麼與他人的關係就不再只是外在的社會關係，而是「我之中的我們」。爲了說明此一當代社會仍舊缺乏的「我們一體感」，將特別引入「二氣交感」的思維來說明「我之中的我們」如何可能。「氣」是在陰陽二氣的互爲內在他者性中交感生成，此一氣的思維具有豐富的潛能可以表述跨文化的轉化力量，我們將藉此說明跨文化方法在當代社會的批判性與治療性。

二、「二氣交感」與「內在他者性」

「氣」作爲一哲學概念在戰國時期逐漸成形，如《老子》、《莊子》、《易傳》、《管子》、《荀子》、《韓非子》乃至當代出土的許多戰國簡帛，都可以窺見氣的思想在戰國流衍發展的樣貌。這些戰國時期的理論家，儘管對氣的看法各異，理論宗旨與實踐歸趨各有不同，但是將氣視爲陰陽二氣交感變化的生成過程與運作原理，卻大抵相同。氣的思想到了兩漢更加體系化，無論是個人養性修命的醫家、道術之學，帝王治國權術的運用，天文地理宇宙的知識架構，「氣」作爲中國知識系譜的軸心概念於焉而成。氣的文化綿延中國兩千多年，範圍太廣很難一概而論，然而始自戰國，到兩漢成系統，唐宋明清儒道各家思想對氣的詮釋，仍會回溯到先秦兩漢時的原初理解框架，其中《易傳》便是最爲關鍵的文本之一。氣學思想在儒家一脈的發展也跟易學傳統有密切關係，其中兩個關鍵的思想家是北宋的張載與明末的王船山。

王船山在《張子正蒙注》中盛闡陰陽二氣交感神化之道，其中有謂「二氣之動，交感而生」。[6]船山解釋「感者，交相感；陰感於陽

5　關於「內在他者性」此一概念較充分的說明將在本書第三章展開。
6　〔明〕王夫之：《張子正蒙注》卷1，收錄於《船山全書》第12冊（長沙：岳麓書社，2010），頁40。

而形乃成，陽感於陰而象乃著。」[7]陰陽二氣是易的兩體，兩者雖然異質而相對，但能交相感應以生成萬物。在氣的交感思維中，個體雖然都獨特相異，但是並不封限在自己生命的內部，而是願意讓自己與他者構成內在交感相通的共在關係，這不是互相限定的決定性關係，而是在開放的感通中一方面有所限制，另一方面則在互為內在他者的關係中成為自己。[8]要注意的是，二氣的交感沒有誰統合誰的問題，也沒有二氣之上的元氣或太極可以綜合地統一異質性的陰陽二氣，只有兩者之間無法彼此化約的異質性才能推動變化生成，也因為兩者皆能在自己內部看到他者，在他人身上看到自己，二氣的交感也才有清通健順之神的運作的可能性。因此，交相感通不意謂著個體性的取消，取消的只是個體的封閉性。維持個體的差異性，也不表示交感互通會有障礙，會造成障礙的只有外加的同一性暴力，因為它正是要抹除差異、取消個體性。

　　然而在當代社會如何讓意向絕然不同的公民成員願意共同協商，乃至讓文化背景、意識型態迥然有別的群體、國族能夠彼此互惠、和平共榮，幾乎已成不可能的任務。公民權利主體只爭個人權利與私利，國家共同體缺乏心志感通的「我們一體感」。在所謂的民主社會除了透過法律保障個體的消極自由與多元價值外，如何接納社會中異質的他者，在平等對話、互惠協商中致力於公眾性義務，形成交互承

---

[7]　〔明〕王夫之：《張子正蒙注》，頁28。

[8]　當代法蘭克福學派的哲學家霍耐特（Axel Honneth）便引黑格爾對「友誼」和「愛情」的關係為例，來說明人與人之間如何在交互承認的關係中，既互相限制又共同實現一種「在他人中保有自我」（Bei-sich-selbst-Sein im Anderen）的社會自由。霍耐特引用的是黑格爾在《法哲學原理》第7節的這段話：「人不是單單在自己之中，而是願意讓自己限制在與他人的關係之中，然而卻明白即使在限制中仍能保有自己。在這種確定性中，人不會覺得自己被決定，反而會是因為把他人看成是別人，因而才擁有了自我感受（Selbstgefühl）。」G. W. F. Hegel, *Grundlinien der Philosophie des Rechts*, in: ders., *Werke in zwanzig Bänden*, Band 7, Suhrkamp: Frankfurt am Main, 1986, S. 57.

認的「我們一體感」，尤其欠缺情感與文化的基礎。另一方面，訴諸於傳統文化來形塑文化認同雖能快速強烈地凝結「我們」的意識，其情感基底則是封閉性的排外與對抗，團結的目的並不是共同致力於解決內部問題，而是製造外部敵人來轉移掩蓋真正的問題，其危險性更是不言可喻。

　　跨文化思考的立足點是當代社會的分裂困境，但它也是推動思考驅動文化轉化的媒介。正如易學「二氣交感」的思維所揭示，陰陽若不各自互為內在的他者，便無法構成一衝突性的內在張力，由差異化的動能所實現的個體自由便無憑據。此一內在相敵又相應的張力，既是紛亂爭鬥之源，也是生成轉化的動因，是否善於運用這個張力關乎文化力量的強弱與否。尼采便是在《悲劇的誕生》中以兩種神話類型的爭鬥與統合關係來說明希臘悲劇如何達致高峰。

　　我們需要差異的分化力量來提供個體自由的空間，歷史文化也能在內在地互相抵抗的否定性力量中，藉由不斷與自身決裂以獲得創新性；另外一方面，社會則需要同化的力量使不同的個體能夠凝結成具有認同感的「我們」，文化才具有統合性的力量創造一個整體的風格。傳統文化價值和當代多元社會在當今也構成了此一既內在拮抗又能循環互動的組構關係，汲取「二氣交感」互為內在他者性的思維結構，可以在實現自由的前提下打開當前的思想困局，自由獨立的個體可以在「交互承認」的互動關係中凝合成「多聲部的我們」（viel-stimmigen Wir）。[9]良性的「我們一體感」有如陰陽二氣交感共生，

---

[9]　霍耐特認為「交互承認」（wechselseitigen Anerkennung）是黑格爾自由理念的關鍵，他說：「由於個人對自由的追求，只能在機制內部或通過機制的幫助才能相應地實現，對黑格爾來說，『主體間』就又一次擴展為自由的『社會』概念：『自由』單單是主體在機制性實踐的框架內與作為對方的他人相遇，在那個作為對方的他人的目標中，他看到了自己目標實現的條件，而與對方形成一種交互承認關係。『在他人中保有的自我』的形式，因此一直以來就被視為社會機制的關係……」請參考Axel Honneth, *Das Recht der Freiheit. Grundriß einer demokratischen Sittlichkeit*, Suhrkamp: Berlin, 2013, S. 86.

是以肯定異質性的他者爲前提，讓獨立自主的個體一方面投身於公眾性的參與並凝合成一體共榮的群體，同時又能隨時保持超然的獨立性，讓批判性的轉化得以介入，沒有先在的同一性要預設，也不可以團結爲名取消個體的差異性。一體感的「一」和差異化的「異」，兩者之間當如「二氣交感」般流通運轉，才有利於文化在既統合又分化的交錯過程中生生不息。

　　尼采主張告別形上學的同一性，讓當代人成爲一「多音複調」（polyphone）的主體，[10]這也意謂著跨文化的必要性。文化的主體性與統一性是基於自我保存的必要而虛構出的眞實。文化主體的事實性與規範性均立基於歷史性，由文化的「內在他者性」所形塑的「跨文化性」是在歷史生成中成爲現實，它所指向的規範性方向可如「二氣交感」的提示，是「二氣清通之理」，[11]亦即：只有在交互承認的感通關係中，開放地與異質性他者的交遇才更能順成共同生活的實現之理。沒有超越於二氣的先在之理，理就在二氣的清通交感中實現。二氣交感既是互相承認，因而得限制自己不落入自我中心式的自由，但也在他人的自由實現中看到自己自由的實現，自由是在社會性的關係中得到實現。若自由是現代社會之「理」，它不是超越的規定，而是在由交互主體所共構的社會關係中實現之理。

　　然而，在當代研究中引述《易傳》、莊子、張載、王船山等人氣的思想究竟是否眞能與現代人的自由問題相干？甚至可以帶來啓發？如何開發氣的交感主體所蘊涵的自由向度，乃至可以進一步批判個體主義自我中心的自由？自由與自然是否相關？

　　當代新儒家對中國哲學所進行的現代詮釋便明確關聯著「自由」

10　KSA 2, S. 113.

11　王船山認爲，「神」是「氣」較高級運作機制，但它不外於二氣的感通運化。船山說：「太和之中，有氣有神。神者非他，二氣清通之理也。」〔明〕王夫之：《張子正蒙注》，頁16。

的問題，牟宗三、唐君毅與徐復觀不約而同地在詮釋莊子思想時用到了「自由」這個概念，然而在他們的研究中，「氣」與身體性的操作、習練不佔有位置，關鍵的是「精神」。徐復觀在他的莊子詮釋中特別重視「自由」，此一「自由」特指「精神上的自由」，他還用「精神上的自由」來規定莊子的「自然」。[12]牟宗三則用「不造作」來解釋莊子的「自然」，他認爲消除人爲的造作，便可達致自由自在、自然無爲的境界，此一說法和徐復觀相當接近，也是從精神主體的自由來解釋莊子的「自然」。[13]至於唐君毅則未明言「自然」與「自由」的關係，他以「去其心知生命流行中之桎梏阻礙」來說明莊學的中心問題，也就是以生命的「無礙」來解釋「自然流行」。唐、牟、徐三人的莊學研究重視精神上的自由、自主、無礙，他們的詮釋都明顯帶有德國觀念論哲學影響的痕跡。至於道家的自由思想是否能有政治意涵，牟宗三認爲，道家的修養工夫雖然可以包含君王南面之術，但只限於帝王個人，而無眞正客觀的意義，在當代社會已經可由民主政治的理想所取代，不再有任何現實的意義。[14]由於當代新儒家認爲「精神自由」的實義只有「心性道德主體」才能正面挺立，道家所言的「自由」頂多可以展開藝術的精神，而「無內在道德性」，對當代社會的意義因而只是消極的。

　　徐復觀對「庖丁解牛」的分析，重視的是「技術對心的制約性的解消」，經由此一解消，精神得以無所繫縛，得到自由感與充實感。[15]此一分析角度，跟氣的交感主體意趣大不相同，兩者最大的差異是對「自由」的理解，一者是排除了身體與自然，一者則有賴於身體與自然。從精神主體談自由與自然，身體及其操作習練的工夫，被

12　徐復觀：《中國藝術精神》（臺北：臺灣學生書局，1998年），頁53。

13　牟宗三：《中國哲學十九講》（臺北：臺灣學生書局，1986年），頁90。

14　牟宗三：《才性與玄理》（臺北：臺灣學生書局，1985），頁360-361。

15　徐復觀：《中國藝術精神》，頁53。

貶抑爲只有技術而非通向道藝的手段，在獲得精神性的自由之後，身體連帶著自然的向度再度歸於黯然隱沒。在心性／身氣的等級性框架中，身氣淪爲對象性、被動性的客體，更幽微的主動／被動感觸模式因而無法進入分析的視野。其次，則是美學活動是直接與政治相關還是間接甚至無關的。由藝術精神所帶出的自由，也因爲不是從「道德心性主體」承體起用，欠缺眞正規範性的保證。精神逍遙限於個體，只有主觀境界義而無客觀意義。然而，爲文惠君解牛的庖丁，難道不正隱喻著身氣及其操作技藝看似居於下位，實則有其政治上的公共性與客觀意義？從心性主體轉向身氣主體，是否可以發展出另類的自由與自然關係，同時具有政治的意涵？

三、「氣的工夫」與美學、政治的轉化力量

有別於心性主體的詮釋進路，晚近多位莊學研究者從身氣主體來闡發「庖丁解牛」的美學工夫及其政治實踐意涵。[16]經過多年的習練工夫，庖丁的刀不再是從外介入牛體的外在他者，作爲待解的牛體也不是外在的觀察對象，刀與牛是在庖丁虛化的主體中成爲交感互動的感應場域。庖丁解牛不是主體凌暴客體的宰制行動，而是在氣化主體的自我關係中美學化的自由遊戲。解牛的美學行動不是首先透過在思考層次中完成行動目的及其規則的認識，才在實踐層次落實認識的成

---

[16] 關於「庖丁解牛」的寓言有相當多的臺灣學者在晚近提出了有新意的解釋，如：龔卓軍：〈庖丁手藝與生命政治：評介葛浩南《莊子的哲學虛構》〉，《中國文哲研究通訊》第18卷第4期，2008年12月，頁80-86；宋灝：〈逆轉與收回：《莊子》作為一種運動試驗場域〉，《中國文哲研究通訊》第23卷第3期（2012年9月），頁169-187；賴錫三：《道家型知識分子論》，第一章〈《莊子》的生存美學與政治批判——重省道家型的知識分子論〉（臺北：臺大出版中心，2013年），頁1-42。瑞士漢學家畢來以身體活動機制的轉換來詮釋「庖丁解牛」，他的詮釋見Jean François Billeter著，宋剛譯：《莊子四講》（臺北：聯經出版社，2011年），頁5-9。

果，而是在摸索習練的解牛工夫之中，幾已忘卻自身的庖丁甚至連同他的手都不再發號施令，而是讓刀身躍入牛體筋脈結聚之中成為相互流變的力量。完美的解牛行動之所以能夠成就，依賴的是庖丁與牛體已然互為彼此的身體，遺忘自身的庖丁，方能隨無厚之刀穿行於牛體的間隙，也因而啟動了讓牛體自行瓦解的力量機制。

王船山在《莊子解》中，把解牛的行動理解為善養生者歷天下險阻與人事之患而能自全無傷的生命技藝，他也特別留意最具操作性技藝的段落，即遇到筋脈結聚處時「怵然為戒，視為止，行為遲；動刀甚微，謋然已解」一段，他認為謹慎操刀是隱喻遭逢人事險阻時的修養工夫。王船山這麼註解這個段落：「此喻陰陽人事之患傷吾生者，靜而持之以慎，則不與相觸，但微動之而自解也。」[17]這是面對自身與人事的糾葛時，養生的主體必須獲得「靜、慎」的能力。在「靜」中養生的主體將自身美學化了，所以抽身靜觀自身中的他者，謹慎以對、不輕舉妄動（不與相觸），耐心地等待，觀察力量的流動變化，在適當的時機才讓刀「微動」，並任牛體與刀在力的自由遊戲中「自解」。

庖丁面對難解的矛盾處境，先是純粹地觀看與靜待，他此時的覺受能力必須完全敞開並且極為敏銳，才能不放過任何一丁點細微的力的流變。在《偶像的黃昏》中，尼采把「美學的活動和觀看」界定為特異的矛盾才能：不同於刻意有為的目的導向行動，而是無所作為的迷醉力量的釋放，另類的活動模式得以展開。[18]孟柯（Christoph Menke）對此的解釋是，藝術家的才能是「能夠不能」（Können des Nicht-Könnens），也就是善於遺忘的能力。[19]在庖丁的例子中，他

---

[17]　〔明〕王夫之：《莊子解》，收錄於《船山全書》第13冊，頁122。

[18]　KSA 6, S. 116.

[19]　Christoph Menke, *Kraft. Ein Grundbegriff Ästhetischer Antropologie*, Frankfurt am Main: Suhrkamp, 2008, S. 113-114.

善於遺忘自己的技藝，尤其在面臨困難時，更是不把他操刀的能力放在第一位，而只是觀看、感受與等待。尼采要我們向藝術家學習，也就是向藝術家「學會不能」（Verlernen）。然而，向藝術家學習，並非是要離群索居躲入美學的幻相中沉思，而是在美學化的自由活動中轉化實踐世界。[20]就像王船山對這則寓言的解釋一樣，庖丁面臨的是每個人都要置身的社會處境，無所逃於天地，如何正確地回應才是養生之道。在《莊子通》中，船山更進一步主張〈養生主〉與庖丁的道藝是王天下之道，從這個角度來說，王船山和孟柯的看法相當一致，亦即美學化的活動具有政治意涵。[21]不是透過認識與道德的行動來獲得自由，而是在技藝性的操作、習練、工夫中，習用的認知與行動機制被中斷，另類的自由實現形式得以展開。美學的轉化能力是一種否定性的力量，它承認不可取消的差異性力量內在的抵抗作用，既在日常的習練之中又以一種與日常行動斷裂的方式展開活動。渾然雜異與多元拮抗的力量叢集，在既一且多、既協調又對抗的美學活動中成為解除規定性的解放力量，雖然仍追求和諧，卻向偶然性開放；不預期成果與目的，卻能提升生產力。氣的交感主體在美學化的活動中習練具有自由意涵的自我關係與政治實踐，此一自由之道同時也具有歸返自然的潛能。氣的思想不預設一超越而先在的理作為規範性的保證，而是在陰陽二氣的多元交匯與內在抵抗之中啟動轉化的力量。

　　然而，氣的思想除了能夠通向自由，也可以扼殺自由。在中國

---

[20]　Christoph Menke, *Kraft. Ein Grundbegriff Ästhetischer Antropologie*, S. 113-114.

[21]　孟柯認為，藝術家的「能不能」就是「不去求知」，美學主體單單棲止在「幻相」（Schein）的表層，沒有打破「幻相」的意圖。不受認識行動支配的主體因而成為表現性力量的媒介，藝術活動化身為對幻相的肯定性活動。在美學化的活動中，主體將自身看成「美感的現象」（ästhetisches Phänomen），美學因此在字面意義上成了現象學，藝術家只要純粹地觀看、感受，以獲得另類覺受的能力，自由的遊戲活動得以展開。在這個意義上，孟柯認為尼采的美學不僅侷限於藝術領域，而是美學化的政治生活如何可能的問題，它最後通向的目的是「自由」。Christoph Menke, *Kraft. Ein Grundbegriff Ästhetischer Antropologie*, S. 110.

古代黃老思想當中，黃老的氣學與法家思想合流，成為君王的統治術，氣與勢、術的結合，提供了戰國末年走向大一統政治的思想資源。換言之，氣的思想有其兩面性，倘若它往強調統一性、連續性、控制性的方向發展，很可以成為極權統治的利器，讓控制不必從外部強行介入，而是深入人心讓有效治理成為自動化的機制，於是所有差異性力量都以和諧共鳴的方式臣服於恐怖統治。因此，單單強調氣的統一性、連續性便無法開發氣的美學轉化效應，通往自由的向度將因此隱沒不彰。從當代跨文化思考的角度來重構氣的思想，不論是個體與社會的自由都是不可或缺的面向，如何重探氣的批判性仍是重要的詮釋工作。[22]

在「庖丁解牛」的寓言中，我們已經可以看到「氣的工夫」有一回應世界的權能，王船山在吸收莊學的虛化主體之後，他進而要講陰陽二氣之化如何批判性地展開政治社會的向度。因此，船山「氣的工夫」一方面超越佛老的思維格局，就突破宋明儒學來說，也不是先求內聖再推擴為外王的內外推擴之道，他的內聖外王之道是即內即外、雙向循環的生成性同構關係。船山的氣學歸本於易，受到張載的影響尤大，因此也力闢佛老陷於個己之私（只有虛體），不能契入死而常在之神（氣化的實體）。[23]他主張虛實交相為體，不可單單落入虛體未見實體，陰陽二氣是在虛／實、幽／明、隱／顯、靜／動的循環之中生成轉化，因此「氣的工夫」涵著內在多元的「複數主體」，由此可以通向氣的外王學。

---

[22] 在這方面有重要成果的是前已提及的賴錫三著作《道家型知識分子論》，另外還有何乏筆，〈氣化主體與民主政治：關於《莊子》跨文化潛力的思想實驗〉，收錄於《中國文哲研究通訊》，第22卷第4期，臺北：中央研究院中國文哲研究所（2012年9月），頁41-73。

[23] 關於二氣之「實」及陰陽二氣的「兼體」見這段關鍵的文句：「聖人成天下之盛德大業於感通之後，而以合絪縕一氣和合之體，修人事即以肖天德，知生即以知死，存神即以養氣，惟於二氣之實，兼體而以時用之爾。」〔明〕王夫之：《張子正蒙注》卷1，頁37。

　　船山批評程朱「主一不雜」的學思進路，[24]便是反對有一離氣的超越之理決定陰陽氣化的流行。但這不表示氣學就無法說明超越性與規範性。「神」就是「氣」的超越之理，但是內在於氣化之用而說超越之體，即用見體，離用無體。「神」是「氣」的超越而內在之理。船山也常用「至純」來形容「神」，但它不是離開「氣」而說其純一不雜，而是就二氣的清通無礙，亦即二氣的交感運化能通至雜而暢遂不已，就如庖丁的解牛行動所示，至雜的牛體骨肉再糾結交纏，也可在氣的習練中與解牛之刀交相感應。在渾然忘我的主體中，雜已非異己之雜，而是內在之雜，但能在交感之中純化為順通之交感主體。此時的主體已是他我共在的「相與之體」，是具有社會性、歷史性的生成主體，並非不含雜異的同一主體，而是內在多元的「複數主體」。

　　「氣的工夫」意圖化解排他互斥的無／有關係，而以陰／陽互為他內在者的交纏模式來理解自我與世界。船山說：

> 盡心思以窮神知化，則方其可見而知其必有所歸往，則明之中具幽之理，方其不可見而知其必且相感以聚，則幽之中具明之理。此聖人所以知幽明之故而不言有無也。[25]

「易言往來，不言生滅」，船山紹承張載易學的要旨言此貞定生死之道。不可見者不可謂其不存在，可見者也必有其消散之時。因此生

---

[24] 王船山說：「天地之不貳，惟其終古而無一息之間。若其无妄之流行，並育並行，川流而萬殊者，何嘗有一之可得？諸儒不察，乃以主一不雜之說，強人而為之證，豈天地之化，以行日則不復行月，方生柳則不復生桃也哉？」〔明〕王夫之：《讀四書大全說》，卷3《中庸》，收錄於《船山全書》第6冊，頁562。

[25] 〔明〕王夫之：《張子正蒙注》卷1，頁29。

涵著死，死中亦有生理。陰陽之化貫通幽明，二氣各有其理則而爲兼體，但又時時在兩者的雙重作用中「通其變，遂成天下之文。」（《易・繫辭上》）不論生命的自然現象（生死），乃至政治社會的人文化成，如何歷天下險阻之變而感通成化，都是「氣的工夫」所要習練的易簡之德。

四、「內在多元的主體」與跨文化的天下觀

尼采在《人性的、太人性的》一書開始以歷史的思維來考察人性、道德、宗教、形上學，可說是後來系譜學考察的前奏。在該書之中，尼采已然揭示出，「文化的主體性」除了複數力量的運作之外別無他物，沒有力量背後的實體性主體與同一性自我，亦即沒有施展力量的主體，只有力量不斷生成的叢集。尼采對當代文化的診斷預告了跨文化時代的來臨，他提出「複數主體的靈魂」（Seele als Sub-jekts-Vielheit），認爲沒有人能夠再是單一的、統一的主體，而主張必需要「遍歷」（Durchleben）不同的文化以養成更爲豐富高尚的心靈。尼采因而宣稱，這是一個「比較的時代」（Zeitalter der Verglei-chung），在遍歷不同文化經驗的過程中，現代人得以陶冶出更高等的文化風尚，在多元文化的交匯中成爲「多音複調」（polyphon）的主體。[26]

跨文化的主體性若是「內在多元的主體」，是否有任何規範性的標準作爲尺度衡量何謂「更高等的」文化風尚？十九世紀以來，歐美文化以其強勢性構畫了以西方文化爲尺度的「現代化」規範。自古以來本居天下之中的「中國」，經歷了兩個甲子充滿屈辱挫折的跌宕歷史，如今再次崛起，似乎又到了重估文化價值的關鍵時刻。不論中國

---

[26] 關於尼采哲學與跨文化思考的關聯參考：Rolf Elberfeld, "Durchbruch zum Plural der Begriff der Kulturen bei Nietzsche", *Nietzsche-Studien*, Vol. 37(Nov., 2008), S. 115-142.

或西方，在當代仍陷入自十八、十九世紀迄今，以民族文化爲本位的本質主義式思考。

　　跨文化的思維則是後民族國家的文化觀，但它也不違背中國古代的文化觀，例如前述提及的《易‧繫辭上》：「通其變，遂成天下之文。」古代中國的天下觀是以交感之體遍歷至雜之變，化成天下的主體並不是一執定的本質而是能感通變化的主體。當代的中國倘若再度回返天下之中，當以更恢宏的氣度成爲跨文化天下中的主體。天下不再有固定不變的中心，或者中心是內在多元的「兼體」與「虛體」。氣的思想能夠承認「內在他者性」，並且讓異質性的力量發揮激活的作用，讓文化在統合與分化的雙重作用中保持開放性與創新性。二氣交感的主體至少在思考方向上具有化解同一性暴力的危險，從此一角度來重構諸夏文化開放多元的史觀與非本質主義式的文化認同，對於當代中國的文化重估工作有其必要性，值得深思。倘說諸夏文化在歷史長河之中業已生成了跨文化的複數主體也未嘗不可，尤其這二百多年來即使有折辱之感，卻也虛心吸納了西方文化資源，不論是出自被迫的情勢或主動的意願，漢字文化如今確實涵融了豐富多元的異質文化，可謂已備全古今東西之變，其識量足以形成一開放交融的跨文化天下觀，當非空言。然而，跨文化的思維並未成爲當令的文化信念，跨文化內在交錯的多樣性仍未被視爲珍貴的資產，反之，追求文化同一性與民族自豪感至少還是政治上有效的動員力量。中國是否能夠超越民族國家的限制，走向跨文化的天下格局端倪仍很隱微，其中一個關鍵在於對「自由」價值的批判性吸收。

　　現代社會的自由理念雖然肇端自西歐，然而自由的追求與實現已經不只是西方社會的資產，而有更普遍的意義。將中西截然對立起來在方法上已是困難重重，跨文化混雜的狀態更符合現實情境。跨文化的天下觀，理想上當立足於自由民主的文化語境，一方面繼續追求自由的充分實現，另一方面則要汲取古典文化，在古今交錯、東西互用的思想融匯中，批判性地溝通自由思想與古典文化的關係。回顧二十世紀的中國歷史，面對西方強勢文化的挑戰被迫進行政治社會的現代

化轉型，在激烈的政治變革方面，先有辛亥革命後有共產革命，都想要實現取法自西方的自由、平等理想，不僅仍未竟全功，也與自身的傳統文化割裂。如今，傳統文化復興運動的浪潮襲捲而來，是否又再度將古典中國文化與現代西方自由平等的價值對立起來？這是思想的怠惰還是政治操作的結果？跨文化的天下觀首先得面對的是這種有礙開放性文化發展的區隔方式。

　　現代人首先是獨立自主的個體，其次則是能與其他社會成員平等對話、協商互助的社會成員，再者則是身為自然世界的一員，理應對自然環境負有倫理責任。作為個體的人，一方面意識到自己與每個人的獨特性，有不可侵犯的尊嚴與個體權利，同時又不應封閉在個體的領域，而能對於所處的世界有所感受並予以積極的回應。當代社會雖然在許多領域實現了個體自由，但是人與人之間的互相關懷、交互承認仍有不足，不同意見與文化背景之間的誤解紛爭、對抗爭鬥屢見不鮮，如何凝聚社會的「我們一體感」成了艱難的任務。二氣交感的思想，為現代人自由的實現提供了批判的可能，人必須走出個體自私閉鎖的狀態，對周身世界與他人有親切的感受而不是麻木不仁，自由才不是自私的而是能與他人、自然共存共榮的價值。

第一章

內在多元的主體

一、前言

　　尼采在《人性的、太人性的》當中表示：「一個人的內在愈是豐富，愈是一多音的主體（je polyphoner sein Subject ist），那麼他將愈能感受到自然的和諧平靜。」[1]此處尼采借用自然此一既內在多樣又和諧統一的隱喻，來表達多元文化的交匯有利於文化心靈的成熟。早期的尼采重視文化的統一性，認為十九世紀的歐洲由於缺乏類似希臘時代的神話文化，過份地追求擴張性的知識，一切都成了支離破碎的零散累積，看似多采多姿實則飄搖無根。他追隨施列格（Friedrich Schlegel），主張以古典文化再造歐洲的二次文藝復興，因而企盼創造新神話以替代過時的基督宗教文化。

　　在1876年以前，尼采主張德國文化需要統一性、整體性，才不致於在一味地模仿法國文化等媚外的風尚中失去主體性。此時的尼采反對過分地追求外來文化，對現代人不加抉擇的知識品味嗤之以鼻，並且對於文化統一性及主體確定性的喪失深感不安。然而到了1876-1878年間，尼采在準備寫作《人性的、太人性的》的期間，已出現了「遍歷」（Durchleben）不同文化以培成豐富成熟的文化心靈的想法。他漸漸克服了由於多元文化衝擊所招致的漫無邊際的不確定性的恐懼，開始以肯定性的態度面對多元文化。自此之後，尼采更進一步強調得在不同文化的激盪中「比較」（Vergleichen），做出選擇、裁斷，並因而宣稱，這是一個「比較的時代」（Zeitalter der Vergleichung）。Elberfeld主張，「比較」可視為客觀的行動，「遍歷」則是主觀的。[2]雖然尼采並未進一步說明這兩種行動的方法和作用，但他表示，在如此的行動中，美感得以增長，而且一個「較高

---

[1]　KSA 2, S. 113.

[2]　Rolf Elberfeld, "Durchbruch zum Plural der Begriff der *Kulturen* bei Nietzsche", S. 115-142.

等的風尚」（höheren Sittlichkeit）會被揀擇出來。Elberfeld推測，差異性和多元性的文化遍歷經驗是「較高等的風尚」形成的前提和基底。相反的，滯留在單一文化信仰中，不能接受不同信念洗禮的人有「不可轉化性」（Unwandelbarkeit），也就是缺乏「可教化」（Bildbarkeit）的能力。在跨文化時代，文化比較與文化遍歷被尼采視為文化實踐的操作形式。[3]

尼采預見了跨文化時代的來臨，個別的文化不再彼此獨立不相關聯，而是互相激盪，在文化的交匯中成為多音（Polyphon）交融的主體。相應於文化的多元性，尼采發展了「複數主體的靈魂」（Seele als Subjekts-Vielheit）此一想法。據此，每個人不再是單個統一的主體，而是因著此一可能性，亦即能夠「遍歷」不同的文化，成為「複數主體的靈魂」。雖然尼采有此遠見，然而此一有利於跨文化的多元主體概念，卻要在一百多年後才漸漸具有實質展開的社會文化條件。[4]文化的多元性蘊涵著「主體內在的多元性」（subjekt-interne Pluralität）。人們遍歷不同文化的主體經驗，有利於在自身建立差異性，並得以展開對於歷史的創造性詮釋。[5]現代靈魂的混沌性（das Chaos in den modernen Seelen）挑戰確定性的追求，不再如同宗教或形上學追求一「不死的靈魂」。當我們凝視歷史，甚至是在安頓死去的靈魂中獲得歷史的開放性闡釋。跨文化主體的歷史闡釋是在不斷陌身化自身的主體經驗中，尋求文化轉化的出路，此一刻意踏入陌生之中的漫遊，為的是致力於擺脫與超越歐洲，試圖從跨文化所獲致的距離化視角來激發原創性。如何獲得原創性？尼采說：

　　原創──並非是看到了什麼新的東西，而是舊的，大家

3　Rolf Elberfeld, "Durchbruch zum Plural der Begriff der *Kulturen* bei Nietzsche", S. 125-127.

4　Rolf Elberfeld, "Durchbruch zum Plural der Begriff der *Kulturen* bei Nietzsche", S. 119.

5　Rolf Elberfeld, "Durchbruch zum Plural der Begriff der *Kulturen* bei Nietzsche", S. 133.

> 早就熟悉的，總是看見卻視而不見的，有人卻能視舊如
> 新，這種眼光標幟著真正具有原創力的人。[6]

古典語文學家尼采提倡倒轉的視角，以古觀今，在陌生化、有距離的
視角中檢視當下的歐洲文化。尼采雖然批判歐洲主體哲學的限制，但
他並未離開主體哲學，只是希望透過跨文化的經驗與古典文化的歷史
視角，鍛鍊打造主體的內在多元性。

　　在儒者所使用的概念中，「氣」雖然未必是主導性的思想，但特
別具有主體內在多元性的意涵，它穿梭流動在儒道思想的不同理論派
別中，同時也有跨界流動的理論活力。本章即嘗試從王船山「氣」的
思路[7]來討論儒家思想中是否能涵攝一內在多元的主體，它將力的多
元拮抗與調動，收攝到主體的自我轉化工夫當中。此一主體的內在多
元性不是以反思的方式建立起來，真理性收納到主體實踐性的工夫習
練之中，成為主體性的真理。可以期待的是，當代西方哲學若有機會
遭遇東方哲學中氣與工夫的傳統，主體哲學與工夫論的跨文化交匯可
望建立以實踐為首出的主體性真理，這或許也是尼采所寄望的跨文化
時代的未來哲學。下節將繞道王船山的莊子詮釋，說明儒學吸收轉
化莊子氣化、物化的思想，為何有利展開某種「哲學工夫」[8]來習練

6　KSA 2, S. 465.

7　當代新儒家唐君毅、牟宗三兩位先生對氣學較能持平理解的是唐先生，他認為秦漢以降儒
　　者，朱子以外更無他人可與王船山相比擬。唐君毅對船山之學特為看重，在比較船山氣學、
　　陸王心學與朱熹理學三者時有如下的論述：「象山陽明良知之教，高明則高明矣。然徒以六
　　經注我，而不知我注六經，終不能致廣大……唯復知我注六經，乃上有所承，下有所開，旁
　　皇周浹于古人之言之教，守先以待後，精神斯充實而綸于歷史文化之長流。此乃朱子船山精
　　神之所以為大也。」接著表示朱子以理為本之學論文化歷史仍嫌不足。唐君毅：《中國哲學
　　原論‧原教篇》（臺北：臺灣學生書局，1990年），頁624。

8　「哲學工夫」是何乏筆提出的概念，相關看法請參見他多年來圍繞著傅柯所進行的後基督教
　　的工夫論反省，其中也有些涉及尼采或儒家思想的部分。關於工夫論可參考何乏筆：〈從

「內在多元的主體」。

自我轉化的工夫，對王船山而言是要養成一具有德性的修養主體，然而未必得預設某種「人格同一性」。王船山「性日生日成說」或許提供另類的修養主體，它將透過本章提出的「內在多元主體」得到說明。

自我轉化的主體具有歷史性，「性日生日成說」即是一能肯定日新又新的歷史性與差異性的主體，它承認自律主體對同一性的要求，但又能開放地接受偶然性與不確定性，如何協調同一性與非同一性之間的關聯是自我轉化的主體最重要的習練。「禮以節情」並不是以自律主體排除情感，而是在禮的規範性要求中時時調節檢視情感的出入流動。因此，並沒有一個被實踐所預設的「人格同一性」，只有在禮樂的規範化與美學化過程中不斷培成的主體，它是肯定同一性與非同一性之間弔詭性的依存關係。本章以「內在多元的主體」來說明此一德行主體如何在「情－禮」之間自我轉化。禮的同一性是彈性流動的規範性，有教養的約束性而非控制的強制性，其目的在於調節自我與他者在交涉中維持一合理的互動關係形成規範，樂的和合則是以美學化的非同一性來調節禮的規範的同一性。

不論個體及文化的自我轉化，均需肯定具有同化作用的「同一性」與分化作用的「非同一性」，在「同一性」與「非同一性」的雙重作用中，德性人格的完成與政治社會的實踐，都由此展開。因此，船山的人性論與修養論，並不預設一先驗的同一性人格，而是肯定主體的歷史性與差異性，並在「氣的工夫」中循禮修養。此一工夫異於先內聖後外王的內外推擴式自我轉化，而較強調內聖外王的同時性，因為主體內部之多元與差異的實踐性肯定，便涵具政治社會的公共性向度。下節先論肯定差異的氣的工夫。

權力技術到美學修養：關於傅柯理論發展的反思〉一文，刊於《哲學與文化》第37卷第9期（2010年3月），頁85-102。

二、在氣的物化中肯定差異

> 昔者莊周夢為胡蝶，栩栩然胡蝶也，自喻適志與！不知
> 周也。俄而覺，則蘧蘧然周也。不知周之夢為胡蝶與，
> 胡蝶之夢為周與？周與胡蝶，則必有分矣。此之謂物
> 化。（《莊子・齊物論》）[9]

就像「周與蝴蝶」一定有分別，「夢與覺」、「真與假」在理性
的反思中一定也是「必有分矣」。莊子理解知性的判分、區別有其必
要，但是夢中「栩栩然蝴蝶也」也有很真實的存在感，挑戰了周與蝴
蝶判然二分的確定性。夢中化為蝴蝶的我何嘗非真？醒時理智清明的
我怎知不假？「栩栩然蝴蝶也」和「蘧蘧然周也」中的「我」，哪一
個才是「真我」？還是根本沒有「真我」／「假我」的區分呢？因
此，莊子結語說「此之謂物化」。假如是二值邏輯式的非此即彼的區
分，如何能「化」呢？可見莊子此處所說的「分」，不是互斥性、既
然矛盾則不能相容的「分」，而是「化」中含「分」，「分」不礙
「化」。分而無分、無分可分的生成變化即是「物化」。[10]

王船山在《莊子解》詮解這段置於〈齊物論〉篇末的「莊周夢
蝶」寓言，把語言與言論的問題引入討論，顯示出它與〈齊物論〉篇

---

[9] 〔清〕郭慶藩編，王孝魚整理：《莊子集釋》（臺北：萬卷樓圖書，1993年），頁112。

[10] 關於莊子的「物化」可參考賴錫三：〈論先秦道家的自然觀：重建一門具體、活力、差異的
物化美學〉，《文與哲》第16期，2010年6月，頁1-44。就王船山解《莊》的部分，筆者有
2篇論文可以參照：〈自然與自由──莊子的主體與氣〉，《國立政治大學哲學學報》第35
期，2016年1月，頁1-36；〈「不齊之齊」與「氣韻」（Aura）──從王船山《莊子解》談
莊子齊物思想的美學政治意涵〉，《文與哲》第28期，2016年6月，頁321-346。

旨的內在關聯。彼我的區分來自於語言，而語言的分別肇起於事物的形象、數目、大小等隨之而來的命名活動有關。由物形之別異，產生了名稱的不同。[11]從最初的命名之異，後來知識的產生、理論的分歧，到最後儒墨立場的截然對分，這些分別差異，對莊子而言，其實並本無必然可據之理，所以王船山認為，莊子這段寓言是要讓是非之爭、物形之別，回歸到並無定形的「物化」之初。「夢／覺」、「周／蝶」，這些可分可見的物形差異與概念區辨，並無其定形、定見可言，孰是孰非未可斷言。於是在差別之相中存在的不齊之論，若返歸於無所據的物化之始，則不齊可歸於天均之齊，有無之別蕩然於無別之至齊。[12]

因此，沒有任何「同一」（由語言的定名而指涉的物的同一性）可以排除「差異」（因為定名起源於物形之分別），所有的「同一」都要以「差異」為前提。差異、區分、變化是無法被否定的。所以一定有「分」。但是，我們也不能只看到了「分」。這裡還需要引入莊子的另一個概念——「氣」。為什麼要「遊乎一氣」呢？因為「氣」就是在變中看到了不變。氣的「不變」之常，並非有一排除了起源的差異性的自身同一持存，而是看到矛盾的不可取消性，看到差異的不可否定性，於是我們可以得到一種真正的肯定。它是「氣中之一」，這裡的「一」，可當作動詞來理解，其義為「對差異的肯定」。

不是因為「它是真的」，我才肯定。「一」，不是「無差別的同一」，而是「把矛盾看成必需要肯定的一個整體」。於是，「肯定」，不是以「否定掉差異」、「否定掉矛盾」、「雙重的否定」等

---

[11] 王船山的註解說：「是非之所自成，非聲之能有之也，而皆依乎形。有形則有象，有象則數，因而有大有小，有彼有是，有是有非，知競以起，名競以立，義競以別，以極乎儒墨之競爭，皆形為之也。」〔明〕王夫之：《莊子解》，頁119。

[12] 王船山此註的最後說：「物化無成之可師，一之於天均，而化聲奚有不齊哉？此以奪儒墨之所據，而使蕩然於未始有無之至齊者也。」〔明〕王夫之：《莊子解》，頁119。

方式得到的「肯定」。而是,「就是要肯定」。肯定差異、矛盾,以及我們覺得荒誕的、無意義的、不可思議的、不該發生的一切。於是當下的現實,是唯一的真實,我們無所逃、不必逃,它就是我們「要」的全部,好的、壞的,該肯定的、不該肯定的,一切為真,雖然它有假的可能或成分,但是仍要肯定。

　　這個世界充滿矛盾、複雜、無秩序,這也跟主體區分、辨別的能力有關。莊子哲學所追求的「一」,不是要逃離、忽略複雜的多,而是要深入複雜。就如德國著名工業設計師拉姆(Dieter Rams)的名言:「簡單,但更好。」(Weniger, aber besser. 英文:Less, but better.)[13]因此,簡單不僅是形式上追求極簡,或掉入複雜的另一個極端──簡陋當中。蘋果創辦人賈伯斯(Steve Jobs)曾言:「要讓一件事情變得簡單,要真正了解隱藏其下的挑戰、創造出優雅的解決方案,絕對得下很大的苦功。」[14]是非、美醜、好惡、生死,都是人生當中不可避免的分別,有時會產生很大的矛盾與衝突,如何化解其中的紛難,需要長時間的工夫。虛靜簡淡的人格修養與生活美學在當代仍有吸引力。當代西方已在工業設計、生活風格上以特定的方式實踐了東方美學與修養中所追求的簡約、平淡的境界,此一境界的達至需要主體的努力付出,下一節將從王船山的《莊子通》來說明此一「肯定差異」的主體與工夫。

三、王船山的莊子詮釋

　　王船山在《莊子通・應帝王》中表示:「夫天下未始出吾宗,

---

[13] 德國建築師凡德羅(Ludwig Mies van der Rohe)則有類似的名言:「少即是多。」(Less is more.)。

[14] Walter Isaacson著,廖月娟、將雪影、謝凱蒂譯:《賈伯斯傳》(臺北:天下文化,2011年),頁465。

而恆不自知。」[15]《莊子‧天下》謂：「不離於宗，謂之天人。」[16]
可見天人和常人之別即能知天下不離於吾宗和不自知天下不離吾
宗者。他接著說：「苟知其不出吾宗，則至靜而不震，其機爲杜
德……無物不在道之中，而萬物不足以駭之。」[17]

　　船山認爲，雖然「天下未始出吾宗」，常人對此卻缺乏認識。一
旦達致此認識，將具備「至靜」的觀照能力，並理解自身（吾宗）
和世界（天下）的內在包含關係。倘能如此，則「無物不在道之
中」，也就是無物不出吾宗。「萬物」即使多麼令常人怖畏驚異，對
達道之人（天人）來說也「不足以駭之」。世界及其真理性賴於主
體，但是否有此覺知則有賴於工夫。

　　「天下未始出吾宗」不能落於抽象的認識，而必須立基於工夫。
此一工夫可歸結爲王船山在《莊子通》中所說的「虛」、「靜」、
「推」、「通」。在〈天道〉篇的詮解中，王船山說：「虛靜之
中，天地推焉，萬物通焉，樂莫大焉。」[18]在如是解莊的語句當中，
船山融合了老莊虛靜的工夫，以及孟子「萬物且備於我矣，反身而
誠，樂莫大焉」[19]的思想。只是在解莊的語境下，未曾突出「誠」的
意旨。此處可見，船山不僅能會通儒道，而且具有一相當敏銳的洞察
力，強調工夫不可偏顯靜態的虛靈明覺的察照，而必涵融著貫穿萬物
的氣化感通能力。此一點醒，可見船山認爲莊優於老，可含攝老。再
者，也點破宋儒如程朱理一分殊的模型中，超越的理一偏於靜的缺
失，這也是明清之際氣學一脈的儒者多反程朱的理由。

　　船山真切地把握了莊子「遊乎一氣」的意蘊，看到「道」、
「欲」都在「吾宗」肯定差異的氣化工夫中推通爲一。因此，天下再

---

[15]　〔明〕王夫之：《莊子通》，頁503。

[16]　〔清〕郭慶藩編：《莊子集釋》，頁1066。

[17]　〔明〕王夫之：《莊子通》，頁503。

[18]　〔明〕王夫之：《莊子通》，頁508

[19]　〔宋〕朱熹：《四書章句集注》（北京：中華書局，2008），頁350。

大，賢智、姦桀相去再遠，都可藏於吾宗之內，「藏天下於天下」於是並非散逸的氣化論之世界描述，而是被船山收攝成工夫主體內具且可體現的真理。[20]所謂「藏天下於天下，而皆藏於吾之宗」，吾宗之「一」，並非泯除差異的抽象同一，而是肯定差異的、包含多的一。所以吾宗雖一不寡、天下雖大不多。船山說：「不駮天下，則不患吾之寡。吾無寡而天下無多，不謂之一也不能。」[21]

再進一步論「虛靜」和「推通」之間動靜互攝的關係。船山提醒，不可偏執地以求靜為目的，則反落入枯寂之病，應理解主體虛靜的一可推通天下差異的多，他說：「善體斯者，必不囂囂然建虛靜為鵠，而鑅心以赴之，明矣。」[22]關於虛實和動靜的關係，船山則表示：

> 虛則無不可實也，靜則無不可動也。無不可實，無不可動，天人之合也。運而無所積，則謂之虛，古今逝矣，而不積其糟粕之謂也。萬物無足以鑅心，則謂之靜，以形名從其喜怒之謂也。[23]

「虛」作為「肯定的一」，其目的是涵攝「實」（作為「差異的多」）。因此，船山認為「非逃實以之虛」，而是「虛則無不可實也」。「靜」並非不動，而是在歷史的流變中「外化而內不化」，

20　「道者，歸於道而已矣，德者歸於德而已矣，功者歸於功而已矣，名者歸於名而已矣，利者歸於利而已矣，嗜欲者歸於嗜欲而已矣。道亦德也，德亦功也，功亦名也，名亦利也，利亦欲也，欲亦道也。道不出吾宗，雖有賢智，莫之能踰；欲不出吾宗，雖有姦桀，莫之能詭。」〔明〕王夫之：《莊子通》，頁503-504。

21　〔明〕王夫之：《莊子通》，頁504。

22　〔明〕王夫之：《莊子通》，頁508。

23　〔明〕王夫之：《莊子通》，頁507-508。

在「至靜」之中「無不可動」。[24]之所以名為「至靜」，正是要超越相對之相的動靜之別，達於絕對的靜而能無不可動。因為「虛」肯定了差異的多樣性，所以能「運而無所積」，也就是在遍歷萬化中而不積累疲困、糟粕。由此「虛」之肯定，則萬物之紛然也將「無足以鐃心」，因而能「靜」。倘若錯解「虛靜」為泯除差異，追求一不動、無差異的冥漠，後果將如船山所描述的：「逃虛屏動，己愈逃，物愈積。膠膠擾擾，日鐃其心。俳憫，而欲逃之於死，死且為累，遺其虛靜之糟粕以累後世。」[25]

在虛靜中，工夫的要點則在於破「有所好」之病，船山曰：

> 天下之術，皆生於好。好生惡、生悲、生樂、生喜、生怒。守其所好，則非所好者，雖有道而不見慮。不得其好則憂，憂則變，變則迁，迁則必有所附而膠其交。交之膠者不終，則激而趨於非所好。如是者，初未嘗不留好於道，而終捐道若忘，非但馳好於嗜吹者之捐天機也。[26]

一旦有所好，乃至過份狹隘地追求其所好，因而生起種種情緒上的偏執，那麼如果道正在非所好之中便將失之交臂。這無異於說明：失去了主體內在本具的多元可能性，也就失去自我和世界之間的開放關係，將「損道若忘」。回到本章一開首所引尼采的話：「一個人的內在愈是豐富，愈是一多音的主體，那麼他將愈能感受到自然

[24] 在船山作《張子正蒙注》前有《思問錄》，其〈內篇〉有言：「兩端者，虛實也，動靜也，聚散也，清濁也，其究一也。實不窒虛，知虛之皆實。靜者靜動，非不動也。」〔明〕王夫之：《思問錄》，收錄於《船山全書》第12冊，頁411。
[25] 〔明〕王夫之：《莊子通》，頁508。
[26] 〔明〕王夫之：《莊子通》，頁509。

的和諧平靜。」[27]有關「自然」的部分，可用王船山「吾宗」和「天下」的關係來理解。也就是〈天道〉中所言：「虛靜之中，天地推焉、萬物通焉，樂莫大焉。」[28]自然的差異性正是主體豐富性的來源。面對差異，不能以好惡之心驅馳，也不可逃之於虛，而須以肯定差異的工夫虛靜、推通。遍歷差異的主體，以無所好的肯定（以虛納實），將不僅不被差異之多撕裂，而能享推通之樂，也就是只有愈是多音的主體才愈能享受自然的平靜。

　　儒者為何也談虛靜？唐君毅在談及證悟之境時曾有此言：「此所悟得者，是人不真在萬緣放下，一無倚靠，此心至虛至寂之際，此心之感通之仁，終尚未全呈現其真實面目。」[29]他並且表示自己對於宋明儒學，初最喜象山之先立其大，也極愛龍溪之高明通透，然而在工夫方面，認為聶雙江、羅念菴之歸寂主靜之教，為入德之一門。因為只要生活之積習未化，潛伏於中，非上智之人，終不可不先以歸寂主靜之工夫為本。[30]唐君毅在談起陽明學之高明灑落時，也表示即使於義理湊泊得上，工夫也非易用。因為由灑落至放肆，只有一間之隔。只要氣質物欲之雜未去，所言灑落，不免有放肆之病，這是陽明後學必然遭遇的問題。[31]以下且引一段羅念菴於靜坐三月之後所悟之

---

[27]　KSA 2, S. 113.

[28]　本章所論多從主體與工夫的關係著眼，之所以討論《莊子通》解吾宗和天下的關係，是由於此一關係特別能突出主體與世界的一多相即之義，然而這並不能顯示王船山天道論的全幅意義。若離開莊子的脈絡，單就宋明儒各家而言，船山的天道論跟朱子、陽明皆有不同。朱熹嚴分理氣二層，理屬形而上、氣屬形而下。船山則以氣統形上、形下，且即形器明道、即事見理、即用見體。陽明也即用見體，但特從主體義，即致良知以明天理。唐君毅認為陽明之學以人道攝天道，無獨立之天道，而船山則有。唐君毅：《中國哲學原論・原教篇》，頁517-518。

[29]　唐君毅：《中國哲學原論・原教篇》，頁402。

[30]　唐君毅：《中國哲學原論・原教篇》，頁403。

[31]　唐君毅：《中國哲學原論・原教篇》，頁321。

境，來爲船山所言之虛靜與推通之關係作一旁證：

> 當極靜時，恍然覺吾心，中虛無物，旁通無窮。有如長
> 空雲氣流行，無有止極；有如大海魚龍變化，無有間
> 隔。無內外可指，無動靜可分；上下四方，往古來今，
> 渾成一片……故曰仁者渾然與物同體。同體也者，謂在
> 我者，亦即在物，合吾與物而同為一體。則前所謂虛寂
> 而能貫通，渾上下四方、往古來今、內外動靜而一之者
> 也。故曰視不見，聽不聞，而體物不遺。體之不遺也
> 者，如之為一體故也。[32]

這段羅念菴自述其悟境之語，可與許多有類似冥契體驗者的描述印
合。須注意的是，不少宋明時期的儒者雖然對靜坐多有讚許之意，然
而在虛靜之中，無分物我內外，其中本體必歸於感通之仁。再者，靜
坐所得之悟境也有其偶然性，不僅無法久住其中，應事之際仍得回歸
日常所用平實工夫。王船山並不主張靜坐，倒是在上引的〈答蔣道林
書〉中羅念菴還是提到了孔子「一日克己復禮，天下歸仁焉」，王船
山晚年談工夫終亦未嘗舍禮而言。

四、「修身」與「復禮」的工夫

王船山認爲人道與天道有別，天道自然，人不能法天、合天，而
須修爲自持以參天、繼天、事天。從氣的量度來看，人小天大。但人
道也有其獨特性，只有人可以踐天所賦之理而可德侔天地。船山之學

---

32 〔明〕羅洪先：〈答蔣道林書〉，收錄於《羅洪先集》（上）（南京：鳳凰出版社，2007
　年），頁298-299。

的特點在於，他對天道、人道的界定方式不是靜態的一成永成的，而是動態的日生日成。這當然跟他的氣論有關。他說：

> 天之與人者，氣無間斷，則理亦無間斷，故命不息，而性日生。[33]

人秉受於穆不已的天道誠體所命，能繼成天道凝成於人道的善性，此人之所以異於禽獸的「幾希」，量雖微卻極尊貴。雖然天道誠體時時真實無妄、純亦不已，但是人卻未必能如此，所以聖賢能思誠之道、盡性復命，百姓則頭出頭沒，乃至已與禽獸無別仍不自知。氣化的不間斷，既意謂著在每個當下放失本心的可能性，也同時揭示了創造之幾亦從未有所間斷。此一動態的生成轉化的本體[34]不好理解，有點類似量子效應中模稜兩可的狀態，但是也只有此一理論模型可以最好地說明本體和工夫之間密不可分的關係。因為，唯有在不間斷的工夫中，才真能體現本體的實在性。本體非一成永成，工夫亦然。德性也唯有在工夫的不間斷中日生日成。

　　此一氣化的本體，在船山的《張子正蒙注》中為「由兩而見一」之體，他說：「陰陽者氣之二體，動靜者氣之二幾。」[35]唯有聖人能盡性，將生死、動靜通而為一，也就是對於差異之分能有感通之德，「動靜語默一貞乎仁」，所謂「夭壽不貳，修身以俟之」。[36]佛道或云寂滅、或云長生，君子則能「安生安死，於氣之屈伸無所施

---

[33]　〔明〕王夫之：《讀四書大全說》，頁1079。

[34]　在《張子正蒙注》中，船山表示此一本體只有往來、屈伸、聚散、幽明，而不能謂之生滅，它是「有無混一者，可見謂之有，不可見遂謂之無，其實動靜有時而陰陽常在，有無無異也。」〔明〕王夫之：《張子正蒙注》，頁24。

[35]　〔明〕王夫之：《張子正蒙注》，頁23。

[36]　〔明〕王夫之：《張子正蒙注》，頁18。

其作爲，俟命而已矣。」[37]此處可見船山身歷國破世變之生死智慧，能不受生死恐恫，並以爲釋道「皆不知氣之未嘗有有無」，[38]獨有儒者能「貞生死以盡人道」，船山因而推崇張載的《正蒙》爲絕學，「發前聖之蘊，以辟佛、老而正人心者也」。[39]由於氣之聚散無關乎生滅，陰陽常在，不可以可見謂之有，不可見謂之無。所以，即使如桀紂之暴，尚有其得之於天的健順良能，其所暴之氣，「持之可使正，澂之可使清」，[40]於此可見船山眞信氣化本體之無處不在，只要人能持氣、養氣，可使濁者清、妄者順。

　　工夫的不間斷不僅需要主體內在的持志、養氣，更與儒者向來所重視的「禮」有關。以下我們將舉王船山晚年的一本小書《俟解》來說明此一「禮」爲何對於工夫來說是必要的。先看以下這段話：

> 博文約禮，復禮之功也。以禮治非禮，猶謀國者固本自強而外患自輯，治病者調養元氣而客邪自散。若獨思禦患，則禦之之術即患所生，專攻客邪則府臟先傷而邪傳不已。禮已復而己未盡克，其以省察克治自易。克己而不復禮，其害終身不瘳。玄家有煉己之術，釋氏爲空諸所有之說，皆不如復禮而欲克己者也。先儒謂「難克處克將去」。難克處蔽錮已深，未易急令降伏，欲克者但強忍耳。愚意程子言「見獵心喜，亦是難克處畢竟難

<hr />

[37] 〔明〕王夫之：《張子正蒙注》，頁20。修身以俟命的智慧，來自於前文所論，在虛靜的工夫中，要破「有所好」之偏執。人之所以不能「安生安死」，也是對於生死有所好，因而產生好生惡死之妄念，不知生死乃氣之聚散，當修人事以俟命，存神以養氣，則知「生死分兩端，而神之恆存一」。

[38] 〔明〕王夫之：《張子正蒙注》，頁21。

[39] 〔明〕王夫之：《張子正蒙注》，頁21。

[40] 〔明〕王夫之：《張子正蒙注》，頁23。

克」。若將古人射御師田之禮，服而習之，以調養其志
氣，得其比禮比樂教忠教孝者有如是之美，而我馳驅
鷹犬之樂淡然無味矣，則於以克己不較易乎！顏子已於
博文約禮欲罷不能，故夫子於是更教以克己，使加上一
重細密細勘工夫，而終不舍禮以為法治之本。若學者始
下手做切實事，則博文約禮，如饑之食，寒之衣，更不
須覓嚴冬不寒，辟穀不饑之術。且遵聖人之教，循循不
舍，其益無方，其樂無已也。[41]

「禮」是工夫的根本與歸結。孔門中資質最佳的顏回尚且以「克己
復禮」為要務，常人又豈能外於此而希圖高遠之絕學？船山甚至將
「禮」當成儒者修養工夫的元氣本命所在，也順道批評道釋徒務修
煉、去縛之法，病未除而先受藥毒之害，此一針貶可謂正中要害。釋
道為盡克己之功，常有落入極端的禁欲主義之病，壓抑過甚，反傷性
命之本。此害在基督教當中亦然，尼采便在《論道德系譜學》（*Zur
Genealogie der Moral*）中有專章批評禁欲主義否定生命的錯謬。因
此，克己不能獨行，也不能欲收急速之效而用猛藥偏方，應當回歸禮
樂之教中調理情性之法，服而習之，自然能在不知不覺中使非禮之欲
淡然釋解。此一漸修之法不求高遠妙理，中正平實，船山有如下的提
醒：

> 俗儒怠而欲速……其惑乎異端者，少見而多所怪，為絕
> 聖棄智，不立文字之說以求冥解，謂之妙悟。[42]

---

[41] 〔明〕王夫之：《俟解》，收錄於《船山全書》第12冊，頁477。
[42] 〔明〕王夫之：《俟解》，頁479。

欲速成之病，始於識量之小。識量小，則謂天下之理、
聖賢之學可以捷徑疾取而計日有得。陸象山、楊慈湖以
此誘天下，其說高遠，其實卑陋苟簡而已。[43]

再者，私欲與仁道只在能不能推，並非兩者在性質上的背反、不相
容。私欲與仁道的差異性可在推、通的工夫中復歸於一。工夫依循的
準繩有賴於「終不舍禮」，而非寡頭地單言「克己」、「虛靜」或
「觀空」，這是儒門與道釋之別的驪珠。相同論點也在清儒後繼者如
戴震、焦循等人的論著中可見，以下是船山申論孟子之言：

梁惠王鴻鴈麋鹿之樂，齊宣王之好樂及雪宮之樂，孟子
皆以為可推而行王政。[44]

禽魚、音樂、游觀，私之於己而不節，則近於禽獸。[45]

但船山同時不認為有必要太快直探孟子所言之性與天道，而應回
歸孔子所言之「習」，他認為這是學聖的根基。德性之成，不賴妙悟
性與天道，而重日日習練之功。能熟習於禮，自然日有所化，自然能
將「難克處克將去」，而不妄求即刻證道之法。此處也可視為船山對
王門後學之批評：

孟子言性，孔子言習。性者天道，習者人道。魯論二十
篇皆言習，故曰「性與天道不可得而聞也」。已失之習

43　〔明〕王夫之：《俟解》，頁480。
44　〔明〕王夫之：《俟解》，頁480。
45　〔明〕王夫之：《俟解》，頁480。

而欲求之性，雖見性且不能救其習，況不能見乎！易言
「蒙以養正，聖功也」。養其習於童蒙，則作聖之基立
於此。[46]

回歸於「禮」，並非要以形式的普遍性泯除個體的差異性，而是
承認生命的內在多元性之差異化力量即是個體本具的生命元氣。在
「克己復禮」的工夫中，個體並非禁絕感性生命的視聽言動而逃離至
虛寂之境，而是在禮法之用中踐行仁義之體，[47]即差異即同一，在禮
之漸修工夫中，見本體之日生日成，明德之日新又新。此一工夫顯然
與陸王心學當下即復本體之全的工夫有異。細密細勘的克己工夫是釋
道的長項，儒者自漢末至宋明長年吸收佛道的心性論，既汲其長，也
蒙其蔽，船山的提點是很重要的救正。

東亞社會經歷二十世紀以來的西方現代化歷程，作為制度性支撐
的禮樂刑政業已斷絕，「克己復禮」的工夫已失卻制度性憑藉，如何
重構禮是一項艱鉅的思想與制度轉化工作。倘若只是回到精神性的內
在修養，不能正視精神活動的感性與物質基礎，將再度落入王船山對
心學與佛道的批評。氣的跨文化思考拒絕偏向心物的任何一邊，用王
船山的話來說，神與氣「相與為體」，此一二氣交感的「兼體」在工
夫中體現，下節將論此一「氣的工夫」。

46　〔明〕王夫之：《俟解》，頁494。

47　船山批評佛老「立體而廢用。用既廢，則體亦無實。」〔明〕王夫之：《思問錄‧內篇》，
　　頁417。離開人文世界之用，佛老所立之體終成無實之體，此是中的之言。當代佛教有見於
　　此，發展出人間佛教的教行，也可看成是對此類批評的回應。

第二章

氣的工夫

一、前言

　　王船山是氣學大家，他對於「氣」的闡發主要紹承《易傳》中的陰陽之道與張載氣的思想，受到張載的影響尤大，並延續他所提出的氣的思維來對治佛老落於無有兩端──佛歸於「寂滅」是「往而不反」，道追求「長生」爲「物而不化」。[1]不論張載或船山，「氣的思維」的提出都本於儒家在實踐上「修己治人」之人道，並通極於天命而言天道，天道性命相貫通的易理與氣學不是一套思辨的氣化宇宙論，而是在盡性知命、內聖外王的實踐工夫中證會妙用之「神」[2]體。本節所謂王船山「氣的工夫」，即是指此一承易的陰陽之體以起神妙之用的實踐工夫，「氣」既是工夫下手處，也是能承體起用的良能之氣。「氣的工夫」便是依「氣」所內具的超越之理所展開的工夫實踐，使本無不善之「氣」，在工夫中「範圍其才於不過者也」。[3]

　　張載本諸易理所闡發的氣學在王船山的疏釋中有了進一步的開展，此一氣學思想最爲關鍵的「氣的工夫」尤需特別留意，此一工夫除了直承張載的氣學，還可以上溯於孟子關於「養氣」、「寡欲」的工夫論。王船山「氣的工夫」有兩個特色，第一，在個人的修身上

---

[1]　王船山除了認同張載《正蒙》所言「彼語寂滅者，往而不反；徇生執有者，物而不化。」還認為道教如魏伯陽、張平叔鉗魂守魄、追求長生者，「為必不可成之事」。〔明〕王夫之：《張子正蒙注》卷7，頁20-21。若用西方的觀念來說，船山似乎認為佛教趨向精神的寂滅，偏於idealism；道教則追求肉身不死，偏於materialism。然而王船山並不從形上學或知識論的角度來論存在的實相，而立足於實踐，求不偏不倚的生命正道，以超越宗教上偏無執有之見。

[2]　「神」是指不測的「氣」的妙用，「神體」並不離開「氣」而別有一超越之「體」，它就在「氣」的健順之用中展現為妙運變化的「神用之體」。船山言：「神化者，氣之聚散不測之妙。」〔明〕王夫之：《張子正蒙注》卷1，頁23。

[3]　〔明〕王夫之：《讀四書大全說》卷10，頁1056。

沒有佛老對治情欲太過的禁欲主義的傾向，更不以出離生死之苦或追求長生之樂爲念；第二，「氣的工夫」蘊涵著「複數主體」而非「單一主體」，即主體既是「在我們中的我」爲「社會我」，就個體來說，也是「我之中包含著內在的他者」，是從主體內部便能肯定一「內在他者性」，而不是在外部關係上建立我與他人的社會關係。此一複數的「氣的主體」特別有潛力開發政治、社會、歷史的向度，可以補正宋明儒過於偏重內聖工夫的不足，由「氣的工夫」所展開的外王模式很可能截然不同於傳統的先內聖再外王的內外推擴關係，而有內外循環的雙向同構性。因此，所謂的「工夫」是採廣義的儒者實踐之道，亦即在「修己治人」中同步展開個體習練與政治文化上的自我轉化之道。這也是儒學以此世的人文化成爲目標能肯定一「社會的我」樂受天命，與佛老之學較從「個體的我」不能戳破生死[4]在本質上有根本的差異。

　　船山思想歸宗宋儒張載，以易道批判佛老只見變化與虛寂，不見不變與實存，然而他晚年解《老》、《莊》，思想實多受惠於兩者，尤其是《莊子》，在解《莊》時只見對莊子後學的批評，對莊子思想本身則有諸多推崇之意，鮮少嚴苛之批評。最終船山以易道吸收老莊之學，又回歸張載言氣之理，在儒道思想的溝通對話方面當是歷來最爲深刻的思想家之一。

二、內在超越原理

　　船山發揮了易學中「氣」的陰陽動靜之理，來闡釋自然現象與人文歷史的運作模式，並且認爲其中自有其施行實現的內在超越原理。「氣」可分陰陽二氣，作爲其內在之「理」，各自有其規範，

4　船山對佛老的批評如：「釋、老執一己之生滅，畏死厭難，偷安而苟息。」〔明〕王夫之：《張子正蒙注》卷5，頁211。

不可淆亂，上溯至太極全體，則有超越不可踰之天則。氣化所依之「理」顯其規則性，若言其不可測則謂之「神」。「氣」不只是一自然現象，更重要的是人能參與實踐「氣」的變化流行，此一實踐性的參與便使「氣」有了工夫義與人文性。因此，「氣」綰合了自然與人文，實然與應然，既是超越的天道也是內在的人道。[5]

　　船山解「形而上」，不是離於「形」說超越的「形而上」，而是從道器不相離言「當其未形而隱然有不可踰之天則」，爲「形之所自生，隱而未見者也。」[6]氣尚未成形爲個物之前，已有其內在之理作爲「隱然不可踰之天則」，此一「天則」是作爲即將化生爲萬物的內在之理，[7]也是其超越之理，「形而上」因此涵著兩義，即1.「形以前」──化生爲個體之前；2.「形之上」──超越於個物之上的普遍之理。[8]第二個意思中的「超越」，表示「理」不能侷限於特別個物的內在構成原理，因爲有更普遍（但仍具體）之理是隱而不可見地作爲「天則」，在萬物未化生爲個物之前未顯化外露，因此自身隱蔽不顯。作爲「天則」的超越之「理」就在氣化流行之中，聚而成爲萬物則有形可見，散而歸返於太極便無形不可見。

　　論「理」、「氣」的關係，船山不採程朱「形而上之理」與「形

---

[5] 相應的表達可參王船山如此疏釋《繫辭傳》中的「乾知大始，坤作成物」：「乾坤者，在天地爲自然之德，而天之氣在人，氣暢而知通，氣餒而知亦無覺；地之理在人，耳目口體從心知，心知之所不至，耳目口體無以見功，皆此理也。」天地自然之化與乾坤健順之德，既是天地易理之流行，也是人希聖希天之學所當效法者，船山認爲，效法乾坤之道是崇德廣業的樞要。前揭引文見〔明〕王夫之：《周易內傳》卷5上，收錄於《船山全書》第1冊，頁510。

[6] 〔明〕王夫之：《周易內傳》卷5下，頁568。

[7] 就「內在之理」如說：「理者，物之固然，事之所以然也。」〔明〕王夫之，《張子正蒙注》卷5，頁195。

[8] 就「普遍之理」如說：「易簡，乾、坤之至德，萬物同原之理。」〔明〕王夫之：《張子正蒙注》卷5，頁202。

而下之氣」二分之說。對程朱而言「理」、「氣」雖然不離不雜，但畢竟「理」優先於「氣」，其優先性是因為「氣」的實在性要由「理」來保證，而且「氣」沒有超越性。但對船山而言，「氣」貫通了「形而上」與「形而下」，兩頭皆通。往上通於超越的「天則」的形上之「理」，往下則通於萬物作為其內在具體構成之「理」。「氣」依超越的「天則之理」流行施化，化生為個體時，此一「天則之理」便具體而微地展現為個物的內在之理。他表示：

> 若其實，則理在氣中，氣無非理，氣在空中，空無非氣，通一而無二者也。[9]

> 理即是氣之理，氣當得如此便是理，理不先而氣不後。[10]

> 理只是以象二儀之妙，氣方是二儀之實。健者，氣之健也；順者，氣之順也。天人之蘊，氣而已。從乎氣之善而謂之理，氣外更無虛託孤立之理也。[11]

所謂「氣當得如此便是理」，是說「氣」若是以必然[12]的方式來表現，便是「理」。「氣方是二儀之實」、「理即是氣之理」、「從乎氣之善而謂之理，氣外更無虛託孤立之理」，「氣」為唯一之「實」與「體」，「理」只是用來「象」（即象狀）此一實體健順妙化的謂語。因此，氣是實體實事，理則是象狀之謂語。換言之，有實在性的只是「氣」，「理」只是用來說明氣以合乎「善」的方式來表

9　〔明〕王夫之：《張子正蒙注》卷1，頁23。

10　〔明〕王夫之：《讀四書大全說》卷10，頁1054。

11　〔明〕王夫之：《讀四書大全說》卷10，頁1054。

12　所謂必然，即「氣」的表現合乎「善」，也可說合乎乾之「健」德、坤之「順」德。

現的理念。至於「神」就是「二氣清通之理」，或說「神者，氣之靈」，也和「理」一樣是理念，不是別於「氣」的實在性而有一超越於其上的某種實在。根據上述幾則引文明白可見，船山主張「氣一元論」，反對「理氣二分」。換句話說，他只承認一個氣化流行的「氣的世界」，反對有一超越於此一氣化流行本體的超越的「理的世界」。依據「氣一元論」的原則，「神」與「理」只能內在於「氣的世界」之中，作為「氣之靈」的「神」顯氣化的不測，表現氣之「健順不妄」的「理」則顯氣化的順當。

　　船山對「理／氣」的說明仍是本於《易》之「太極／兩儀」中的「一／異」內在關係，船山如此解釋「易有太極，是生兩儀，兩儀生四象，四象生八卦」：

> 故曰「《易》有太極」，言《易》之為書備有此理也。「兩儀」，太極中所具足之陰陽也。「儀」者，自有其恆度，自成其規範，秩然表見之謂。「兩者」，自各為一物，森然迥別而不紊。……陰陽，無始者也，太極非孤立於陰陽之上者也。[13]

「太極」作為「理」，雖然可說其超越性，但是船山強調它內在地具足陰陽而為其理。因此，不論是言「太極」或言「理」，都不離開陰陽這一對差異性的原理的雙重作用。此「理」以「儀」的方式秩然展現，即有「恆度」、「規範」。陰陽二氣在表現時有其恆度與規範，而且各自有其內在理則，互不淆亂，所以說它們「自各為一物，森然迥別而不紊」。陰陽二氣之異，體用皆有其別，這是外顯可分之「儀、象、卦」，即其「顯」，就其深極而言又「原於太極至足

13　〔明〕王夫之：《周易內傳》卷5下，頁561-562。

之和以起變化者密也，非聖人莫能洗心而與者也。」[14]船山反對將理氣作超越的形上二分，而是從「密／顯」言「形而上／形而下」，或可說「形未成／形已成」。從太極無形不可見的祕密之「一」，到兩儀、四象、八卦、六十四卦、三百八十四爻等無窮化分之「異」，是個體化的分化過程。然而此一分化之個體，又無一不是太極之全體。「一」與「異」的關係既可順向地分化開展，顯形為萬物，又可逆向地歸返於未分之自身，密合而自藏。《易》所言的太極之理與陰陽之氣，是聖人極深研幾之宇宙創生奧祕，也是修己治人、撥亂反正的憂患之作，因此船山引張載的話說：「易為君子謀，不為小人謀。」[15]下節即就船山如何繼承孟子與張載闡揚「心氣交養」的工夫來發揮易學「為君子謀」的思想。

三、「心氣交養」

　　王船山認為「人有其氣，斯有其性」。[16]人所稟受於天的是無所不善的「氣」，因此與犬牛不同，「犬牛之凝氣也不善，故其成性也不善」。[17]所謂的犬牛之氣為不善是相對於人之善而說，其實對天道而言，犬牛亦無所謂善不善，因為「造物無心」，「故犬牛之性不善，無傷於天道之誠。」[18]人的地位之所以特殊，是因為受命於天純良之氣，且能盡其才情實現本具之善性。「性之善」就是「氣之善」，船山反對「貴性賤氣」，[19]因為他主張「氣」才是實。至於告子所說的「生之謂性」、「食色之性」，船山認為這並不是「性」

14　〔明〕王夫之：《周易內傳》卷5下，頁562。

15　〔明〕王夫之：《周易內傳》卷1上，頁46。

16　〔明〕王夫之：《讀四書大全說》卷10，頁1056。

17　〔明〕王夫之：《讀四書大全說》卷10，頁1056。

18　〔明〕王夫之：《讀四書大全說》卷10，頁1056。

19　〔明〕王夫之：《讀四書大全說》卷10，頁1057。

而是「才」與「情」。知覺運動是「才」，甘食悅色是「情」。朱子雖說告子「認氣爲性」，但船山認爲告子並未識得「性之體」，只知「氣之用」，即只從「氣」表現爲「才」、「情」之用來認取「性」。[20]船山主張要「心氣交養」，[21]此處的「心」是指能主動發用「以體天地之誠」，即是「在天之氣」；「氣」則是指在人之陰陽之實，也是「立人之道」的仁義。「才」與「情」雖然可以表現爲善或不善，但「無傷於人道之善」。[22]「氣的工夫」便是讓「心」能展現其主動性，它即是「氣」的純良狀態，由「心」作主，則被動性的「才」、「情」在發用時便能有合宜的表現。「氣」可說含有主動性的「心」與被動性的「才」、「情」，讓大體作主，則小體順成，器即爲道用。「養心」之道的關鍵，則在孟子所說的「寡欲」，船山表示：「欲不寡，則心逐物遷，而不能居靜以待省察。故學問思辨皆可以養心，而寡欲爲其最善者。」[23]

由於告子有「不動心」之能，甚至孟子自承在這方面確實非其所長。船山對此表示，告子在「不動心」上做工夫是不必要的。孟子以「知言」、「養氣」做工夫才是根本之道，能「知言」便能無所疑惑，能「養氣」則無所恐懼。戰國之士皆求富貴利達，所以患得患失，「自心把捉不住」，才讓告子的工夫受到歡迎，以「制其心而不動」來「自矜其能」。事實上，這正是儒者與異端不同之處。所不同的是，爲什麼要做工夫？儒者以明禮義爲志向，並以此理想定住心志，所以不必刻意求「不動心」，自然專注於志向，「不動心」實爲「自致之效」，非刻意求來。這是「持志」自然而來的「不動心」。因此，以「學」、「誨」達致「知言」，以「集義」達致

20　〔明〕王夫之：《讀四書大全說》卷10，頁1054-1055。

21　〔明〕王夫之：《讀四書大全說》卷10，頁1057。

22　〔明〕王夫之：《讀四書大全說》卷10，頁1056。

23　〔明〕王夫之：《四書箋解》卷11，〈孟子七〉，收錄於《船山全書》第6冊，頁376。

「養氣」，自然能隨時應順，雖不在「不動心」上用功，而心固不動，因爲有志向，有正確的方法。對船山來說，告子的工夫是寡頭的、多餘的，而且是不牢靠的。[24]

在《張子正蒙注》中，船山表示：「心者，湛一之氣所合。湛一之氣，統氣體而合於一，故大；耳目口體成形而分有司，故小。」[25]心之所以爲大體，因其能統合身心之氣於一，能整合統御感官生命各部分的功能且具有下最後決定、判斷的反思能力，它是「湛一之氣」。船山如此注解張載《正蒙・誠明》中「湛一，氣之本」：

> 太虛之氣，無同無異，妙合而爲一，人之所受即此氣也。故其爲體，湛定而合一，湛則物無可撓，一則無不可受。學者苟能凝然靜存，則湛一之氣象自見，非可以聞見測知也。[26]

船山認爲，心之本體湛然靜定、無同無異，即是太虛之氣。「無同無異」頗須留意，「同」是「太虛」（也可說「太極」）之「一」，但不取消陰陽二氣之「異」，所以既同且異，因而是「妙合」，不是去異之同，而是合異之同。氣分陰陽而爲「二」，若歸本於「太虛」則可言「一」。在此究極祕密之境已無同異可分，「一」因此不只是天道的妙用不測之神一，也是人道在工夫中的定靜之「一」。可說是工夫中的「一」。心在湛一之氣的本體中，定靜專一，外物雖來而不爲所動，因此也無物不可受，是能肯定、認同一切差異性、偶然性的「合異之同」，因此「無物可撓」，因爲一切的外物，都是自身定靜

---

24 以上關於「知言」、「養氣」見〔明〕王夫之：《四書箋解》卷6，〈孟子二〉，頁286。

25 〔明〕王夫之：《張子正蒙注》卷3，頁124。

26 〔明〕王夫之：《張子正蒙注》卷3，頁123。

之一所內含的他者。因此，船山認爲「天之所命無不可樂也」。[27]從天所受之氣命之異，無不可受，且是樂受，因爲已能體認所有的差異性與偶然性都是生命中的必然。

　　氣化流行是無擇無別的，萬物秉受天之氣命而顯種種差異，人則有氣運窮通、吉凶禍福之不同，此一氣化之差異性，船山認爲是「命」，就此分得之「氣命」雖然萬物各有其差異性，但人之所以爲人，重要的不是計較此一「氣命」的好壞，而是坦然受命，在此「命」的有限性與差異性中，依據本具之良能盡其所受之性，這是君子「盡性」之事。船山謂：「此君子之所以有事於性，無事於命也。」[28]關於「性」，船山將之歸諸天道，「天理之自然，爲太和之氣所體物不遺者爲性；」至於「心」，則是人道，是太和之氣「凝之於人而函於形中，因形發用以起知能者爲心。」[29]船山認爲「天道隱而人道顯」[30]人之所以能弘道，便是擴充其惻隱、羞惡之心，以盡仁義之性。若人放失本心，不盡其所性，只是隱而不顯之善性未彰，不可說性非本善。因爲「人能弘道，非道弘人」。由此可見，氣命是偶然的，天道也是無心而成化；至於性命則是應然的，人道是由心能盡性而顯。船山一方面以「氣」言心性天之本質內涵而有種種差異不齊、隱而不顯者，另一方面則強調「氣」可在人之盡性工夫中反歸天地之性，即太和絪縕之神。

　　船山不離「氣命」言「性命」之說，也可從「形色莫非天性」之義來闡明。他說：

　　　萬物之所自生，萬事之所自立，耳目之有見聞，心思之

能覺察，皆與道為體。知道而後外能盡物，內能成身；
不然，則徇其末而忘其本矣。[31]

視聽言動，無非道也，則耳目口體全為道用，而道外無
徇物自恣之身，合天德而廣大肆應矣。[32]

船山接受了張載聞見之知與德性之知的區分，同時認為這兩者其實並
無隔閡而可貫通，要在能分清楚本末，不侷限於耳目見聞，而且同
時能發揮心思覺察之能，則耳目口體雖為小體而可為道所用，視聽言
動無一不是與道同體、合於天德。船山主張「身者道之用，性者道
之體」[33]身與性皆天之氣化流行所至，無一而非道體，能否成就身與
性，則有賴於人盡心成性。

四、如何面對生死與情欲？

船山之學上承《周易》而言天道之顯，人性之藏，他並且認為張
載之學「無非易也」，[34]此一絕學能「貞生而安死」，[35]但於當世湮
沒不彰。船山有感於佛老以生死恐恫人，儒者之中又有王陽明「陽儒
陰釋」[36]使聖道不彰，因此想藉由張載之學重振聖人存神盡性之學。
《正蒙》之作揭示了「陰陽之固有，屈伸之必然，以立中道」，且能
說明「天之外無道，氣之外無神，神之外無化，死不足憂而生不可

31　〔明〕王夫之：《張子正蒙注》卷4，頁148-149。

32　〔明〕王夫之：《張子正蒙注》卷4，頁149。

33　〔明〕王夫之：《張子正蒙注》卷4，頁161。

34　〔明〕王夫之：《張子正蒙注‧序論》，頁12。

35　〔明〕王夫之：《張子正蒙注‧序論》，頁12。

36　〔明〕王夫之：《張子正蒙注‧序論》，頁12。

罔」。[37]船山認爲此書可以上承孔孟，下救來世，聖人復起將不易斯言。「如何面對生死？」當是宋明儒者面對佛老的挑戰最需回應的問題之一，在船山看來，對此大哉問有懇切之答的非張載莫屬，而張載之學正從孔子的《易傳》而來。

《易・繫辭上》有言：「原始反終，故知死生之說。」[38]王船山進一步解釋「易言往來，不言生滅」[39]之義。陰陽二氣的交感爲人物化生之「原」，這是「生」亦即是「來」；若歸於絪縕之和，散而無形，則是「反」亦即爲「死」。「生非創有，而死非消滅，陰陽自然之理也。」[40]生、死作爲生命的開端與終結的二極性，在氣的思維中被看成往來相繼、原始反終的運行之理。不是有無的生滅而是不斷歸返流轉的始終運動。死非消散無有，散而不可見並非不存在；生亦非自虛無中創生而有，聚而成形本自二氣之交。始終、往來之氣才是實見，生死、有無之說則爲虛言。[41]存在的有無問題，被易的思

37　〔明〕王夫之：《張子正蒙注・序論》，頁11。

38　〔魏〕王弼、韓康伯注，〔唐〕孔穎達等正義《周易正義》，《十三經注疏》第一冊（臺北：藝文印書館，2001年），頁147。

39　「易言往來，不言生滅，『原』與『反』之義著矣。以此知人物之生，一原於二氣至足之化；其死也，反於絪縕之和，以待時而復，特變不測而不仍其故爾。生非創有，而死非消滅，陰陽自然之理也。朱子譏張子爲大輪迴，而謂死則消散無有，何其與夫子此言異也。」〔明〕王夫之：《周易內傳》卷5上，頁520。船山在此段引文最末爲張載申冤，他認爲張載「易言往來，不言生滅」是根據孔子「原始反終，故知死生之說」，竟受朱子譏誚爲佛家所倡的輪迴，豈不怪哉？船山之學雖然於朱子學有所秉受，然終究歸宗於張載之學，對「氣」的看法的殊異可謂至關重要。在《張子正蒙注》中，船山更明白指出朱子之譏「近於釋氏滅盡之言，而與聖人之言異」。〔明〕王夫之：《張子正蒙注》卷1，頁21。但是畢竟在宋明儒者中，船山除了推尊張載，仍是尊奉朱熹爲朱子，於陸象山、王陽明則直指其「屈聖人之言以附會」於佛教。〔明〕王夫之：《張子正蒙注》卷1，頁26。

40　〔明〕王夫之：《周易內傳》卷5上，頁520。

41　王船山盛讚張載言幽明不言有無，他說：「言幽明不言有無，（張子，船山注）至矣。謂有生於無，無生於有，（皆戲論，船山注）不得謂幽生於明，明生於幽也。（論至則戲論絕，

維轉化成氣化的往來運動，此一思維方式的轉化，回應了佛老對生命有限性的扣問。易的思維後來成爲王船山氣的思維的核心。對王船山來說，一切生命現象、存在之物均有其生命存在之始原，即是「氣」。生之本爲「氣」，所謂的死，並非消散而滅，而是氣的往來屈伸、資始無窮，生命因而是在此一循環往復的繼起過程中往來變化、待時而復。生死兩端的差異性、對反性，在氣的思維中成了循環相繼的運行之道。如何面對死亡，是一門生命技藝。安生安死的儒者，正命承擔生命中的快樂／痛苦、期待／恐懼，平情以視。「氣的工夫」是儒者的生命技藝，也是一門死亡的藝術。理解船山氣的思維，當從工夫論的角度切入生命的實存問題，氣化宇宙論的客觀描述，並非船山氣學眞正的關切。

　　張載言：「聚亦吾體，散亦吾體，知死之不亡者，可與言性矣。」[42]然而此一陰陽二氣的易理所含的內在雙重性，到了程頤、朱熹則截分爲形上與形下兩橛，內在的差異性外翻成形上二元性。直到明中葉以後，氣的思維再起，終至王船山重新掘發此義，他在《張子正蒙注》中如此注解上引張載文句：

　　　聚而成形，散而歸於太虛，氣猶是氣也。神者，氣之靈，不雜乎氣而相與為體，則神猶是神也。聚而可見，散而不可見爾，其體豈有不順而妄者乎！故堯舜之神、桀紂之氣，存於絪縕之中，至今不易。然桀紂之所暴者，氣也，養之可使醇，持之可使正，澄之可使清也。其始得於天者，健順之良能未嘗損也，存乎其人而已矣。[43]

船山注）幽明者，闔辟之影也。故曰是故知幽明之故。原始反終，故知死生之說。」〔明〕王夫之：《思問錄‧內篇》，頁410。

[42]〔宋〕張載：《正蒙‧太和》，收錄於《張載集》（臺北：漢京文化，1983年），頁7。

[43]〔明〕王夫之：《張子正蒙注》卷1，頁23。

氣只有聚散，沒有生滅。不論氣是聚而可見，或散而未之見，其體則未嘗有所增損，均是清通之神、健順之能。船山一方面說「神者，氣之靈」，「神」並非外在於「氣」，而是內在於「氣」的純良之能。另一方面，他又說「神」是「不雜乎氣而相與爲體」，似乎是要表示，「氣」仍有有形的、有限的形質之性此一面向，它是會聚散、升降的現象，而「神」則相對有一獨立的超越性，並不隨此一現象上的遷化而有所增減改動。倘若承認了神的獨立形上意義，那麼張載和王船山還是個氣一元論者嗎？此處所言之神的形上義並非存有論、神學意義下的本體，而是由工夫所肯定的本體。船山表示，神仍舊得與氣「相與爲體」，形上／形下、本體／現象的差異二分並非是上下層級的存有論劃分，而是要從實踐上的工夫所證的清通健順之體，它與形質之體相需爲用。王船山表示：「生死分兩端，而神之恆存一；氣有屈伸，神無生滅。」[44]「神」並非超越於氣之上的本體，不是精神實體、不死的靈魂或超越至上的人格神，對船山而言，「神」就是「二氣清通之理」[45]，唯一有實在性的本體仍只是「氣」。「神」是氣化流行的當然之理，它就在現世自然、人文世界當中運轉流行，就在「氣」的聚散當中見其並無生滅只有往來的肯定，也就是在「氣的工夫」中即用見體。

　　就「氣」的形質面向來說，「氣」也是構成天地萬物的原質，人受命於天，承秉天地之氣，此氣不論堯舜、桀紂皆然。先天稟氣即使有清濁厚薄的個體差異，然而卻具足了可以成德的「健順之良能」，於此卻無絲毫分別。此一「健順之良能」便是張載所謂的「太虛神體」，人莫不含具開發此一神體之動能，但在能不能主動顯發爾。之所以最後有霄壤之別，端在於氣是否有所持養。因此，氣論也不是命定主義的，莫以爲稟受了清氣便一定是聖賢君子，濁氣就必

44　〔明〕王夫之：《張子正蒙注》卷1，頁39。
45　〔明〕王夫之：《張子正蒙注》卷1，頁16。

成暴徒小人，實則後天的「氣的工夫」才是顯發「氣」所本具之良能的關鍵。

至於面對生死，「氣的工夫」其實是「無工夫的工夫」，因爲船山認爲：「氣之聚散，物之死生，出而來，入而往，皆理勢之自然，不能已止者也。不可據之以爲常，不可揮之而使散，不可挽之而使留，是以君子安生安死，於氣之屈伸無所施其作爲，俟命而已。」[46]個體生命的形成而生是氣之聚，形毀而死是氣之散，聚散有其命數，君子盡性的工夫不在此，因此無所用心於氣之屈伸，只任其往來，「俟命而已」。「氣無可容吾作爲」[47]，聚亦吾體，散亦吾體，存時順生沒時寧休，「生以盡人道而不歉，死以返太虛而無累，全而生之，全而歸之」[48]，對於生死任憑氣之客形變化全然肯定。船山以爲「貞生死以盡人道，乃張子之絕學」[49]，用心在對治佛老落於「寂滅」或「長生」之無有兩端，此一「氣的工夫」正是不在「生死」問題上起疑惑用工夫，而是以接納肯定「氣」只有往來而無生滅，用明白生所從來、死歸何處來肯定生命的來去。

生死、聖凡雖有別實無異，王船山主張繼善成性以安生安死，人人都能且該當就著個體特具的差異性完成生命圓具的眞純性體。此一肯定個體的差異性以實現生命本體之善的思想也表現在如何面對自然生命的態度上。船山之學重視工夫，但是既無禁欲主義過於苛察的危險，也無縱欲主義流於情識之弊病。在《周易內傳・艮》中，船山批評老莊的工夫，他將道家的修養理解爲逃避外物誘引的禁欲主義，壓抑之後的反彈只會更生滋擾：

46　〔明〕王夫之：《張子正蒙注》卷1，頁20。

47　〔明〕王夫之：《張子正蒙注》卷1，頁20。

48　〔明〕王夫之：《張子正蒙注》卷1，頁20。

49　〔明〕王夫之：《張子正蒙注》卷1，頁21。

　　　　後世老莊之徒，喪我喪耦，逃物以止邪，而邪益甚。[50]

至於如何回應外物？重要的是對於心念初始發動的當下保持敏銳的覺察力，船山說：

　　　　心之初動，善惡分趣之幾，辨之於早，緩則私意起而惑之矣。[51]

時時照察心念的初動，但也不能過份緊張，強加對治，船山主張對於「忿」、「欲」不可過分地懲窒：

　　　　君子之用〈損〉也，用之於「懲忿」，而忿非暴發，不可得而懲也；用之於「窒欲」，而欲非已濫，不可得而窒也。[52]

正確之道當是專心致志、自我作主（「一念不移於旁雜，而天下無能相誘」[53]），而且工夫開始的養成階段是容易的，難在於持續（「止邪於始易，而保其終也難」[54]）。至於止邪的方法則是：

　　　　欲止邪者，必立身於事外，耳目清而心志定，乃察其貞淫，而動靜取捨唯吾所裁，而不為邪所困。[55]

---

[50]　〔明〕王夫之：《周易內傳》卷4上，頁419。雖然這是船山早期仍未吸收莊子之學所論，但即使晚年歸宗張載，也消化了莊子，立場仍未改變。

[51]　〔明〕王夫之：《張子正蒙注》卷5，頁216。

[52]　〔明〕王夫之：《周易外傳》卷3，收錄於《船山全書》第1冊，頁924。

[53]　〔明〕王夫之：《周易內傳》卷4上，頁421。

[54]　〔明〕王夫之：《周易內傳》卷4上，頁421。

[55]　〔明〕王夫之：《周易內傳》卷4上，頁422。

「立身事外」一語表示得在一定程度上抽離於事爲之外，方能挺立一自主判斷的主體，使官能恢復清靜的狀態，心志才能專注有定向，並做出正確的裁斷不爲邪惑所困。

　　船山說：「心之體，處於至靜而惻然有動者，仁也。」[56]心之本體即是仁，它是能做出正確裁斷（「察其貞淫」）的本心，此一本心仁體是在「至靜」中「惻然有動」，此殊堪玩味。仁是「惻然之覺」，然而此動此覺則在至靜中呈露。人心之動，有順耳目見聞而來之動，若徇隨嗜欲沉溺不返，則是動於私意，徒使心陷於紛擾糾結不得安寧，這是隨順小體而有之動。若從大體，則是歸本於「湛一之氣」[57]的本心，由此「湛一之氣」發動的視聽言動，均是道體的流動，「則耳目口體全爲道用，而道外無徇物自恣之身」。[58]大體之本心爲道心，能統合陰陽動靜、成全小體耳目之欲以養形色之性；小體爲耳目口體之人心，只能順其職能之分感取外物，無法統合官能、判斷作主。[59]

　　陰陽變化多端，只有大體作主的君子能夠窺見「天地之情」，不爲陰陽之變所惑。船山說：「大體者，天地之靈也；小體者，物欲之

[56]　〔明〕王夫之：《周易內傳》卷5上，頁528。

[57]　「心者，湛一之氣所舍。湛一之氣，統氣體而合於一，故大；耳目口體成形而分有司，故小。是以鼻不知味，口不聞香，非其所取則攻之；而一體之間，性情相違，愛惡相違，況外物乎！小體，末也；大體，本也。」〔明〕王夫之：《張子正蒙注》卷3，頁124。

[58]　〔明〕王夫之：《張子正蒙注》卷4，頁149。船山認為，「天性之知」由形色而發，耳目口體雖是小體而為形色，但若能從大體，不徇於物欲，則形色均是天性，耳目口體皆成道用。道體不離於萬物、萬事，既在耳目見聞之中，也在心思覺察之內，但看能否盡心之本知，推己盡物。

[59]　大體不能作主，則是「神為氣使」、「氣逐於物」，但這不是說「氣」本身是惡的，而是心只逐於外物，迷失了它的本性。「氣」不只可通於形上、形下，也通於善惡。船山說：「人生而物感交，氣逐於物，役氣而遺神，神為氣使而迷其健順之性，非其生之本然也。」〔明〕王夫之：《張子正蒙注》卷1，頁16。

交也。」[60]陰陽之變，表現於天地顯其造化之不測，表現在人身，則有大體小體之主從正違。君子與小人之分，便是能否受命以大體作主，或是違命以食色爲性「陰干陽、欲牂理、濁溷清，則天地之情晦蒙而不著。」[61]。對船山來說，陰陽二氣是天地人物變化運動的力量，天地之化，人物之生，都是陰陽二氣作用的結果。陰陽的動靜變化既有主從之別，又內在地互相包含，所以說：「靜則陰氣聚以函陽，動則陽氣伸以蕩陰，陰陽之非因動靜而始有，明矣。故曰兩體，不曰兩用。此張子之言所以獨得其實，而非從呼吸之一幾測理之大全也。」[62]氣之陰陽既差異二分，又內在包含，二而爲一。一以顯天地之大化，二以見神化之不測。由「湛一之氣」以見天道流行之本體，這是從人之本心以窺天地之情的管道。陰陽二氣有生殺治亂之數，人道也有君子小人之別。君子深體「至大至剛不容已之仁」，所以能「正其生理以止殺」[63]，使「二氣絪縕不已，以陽動陰，生萬物而正其性者。」[64]

關於天理與情欲的關係，船山表示：

> 人之有情有欲，亦莫非天理之宜然者，苟得其中正之節，則被衿鼓琴，日與萬物相取與，而適以順乎天理。[65]

「存天理去人欲」並非船山工夫論的守則，他認可情欲與外物的交接也是「天理之宜然」。然而，此一中正節欲之工夫，雖然道理平實易

---

60 〔明〕王夫之：《周易內傳》卷3上，頁296。
61 〔明〕王夫之：《周易內傳》卷3上，頁296。
62 〔明〕王夫之：《張子正蒙注》卷7，頁276。
63 〔明〕王夫之：《周易內傳》卷3上，頁296。
64 〔明〕王夫之：《周易內傳》卷3上，頁296。
65 〔明〕王夫之：《周易內傳》卷4上，頁421。

簡，但實踐起來卻變化無端，或行或止殊難確然斷定。船山認爲，以
顏回之才孔子方告以「四勿」（非禮勿視聽言動），初學者不可用此
剛決的克己工夫。他認爲老莊等異端是「強爲遏制者」，至於陸王之
學（其實應是泰州末流）則終於無忌憚，均是「未歷乎變而遽求止
也」，亦即未能正視情欲的調控之道變化萬端，要有長段的修持，細
細領會其中分寸之幾，才熟能生巧，止於至善之定靜。倘若以爲有速
成之道，立馬可得靜定之方無非虛妄。[66]

　　不論「生／死」或「理／欲」在易的思維、氣的工夫中都被看成
是陰陽二氣在屈伸往來中既差異又連結的關係，二氣之別不是外部關
係中的分別相異，而是內在自我構成中的差異關係，此一差異既是陰
陽二氣之體，又是恆存如故之神之一，所以船山說：「一故神，兩在
故不測，下學而上達矣。」[67]形而上之道與形而下之器，由「氣的工
夫」在下學與上達中貫通爲一，[68]此一是死而常在之「神」，[69]不增
不減但又變化無常，貞定之道唯在人的繼善成性、盡性知命的工夫之
中。因此，船山說險阻不在無窮變化之外境，而在心內，唯有求之於
易簡之道才能死生不易其素，平天下險阻。[70]

　　船山說：「人能存神盡性以保合太和，而使二氣之得其理，人爲

66　本段意涵均見〔明〕王夫之：《周易內傳》卷4上，頁424。
67　〔明〕王夫之：《張子正蒙注》卷5，頁211。
68　船山有言：「即下學之中，具上達之理。」〔明〕王夫之：《張子正蒙注》卷6，頁242。
69　換個表達方式也可說：「浩然之氣，亘今古而常伸。」〔明〕王夫之：《張子正蒙注》卷
　　5，頁213。關於「神」之超越生死而常在、無所損益則說：「至誠體太虛至和之實理，與絪
　　縕未分之道通一不二，是得天之所以爲天也。其所存之神，不行而至，與太虛妙應以生人物
　　之良能一矣。如此，則生而不失吾常，死而適得吾體，亦有屈伸，而神無損益也。」〔明〕
　　王夫之：《張子正蒙注》卷1，頁34。
70　船山說：「以險阻之心察險阻，則險阻不在天下而先生於心；心有險阻，天下之險阻愈變
　　矣。以乾之純於健，自強而不恤天下之險，其道易；以坤之純於順，厚載而不憂天下之阻，
　　其道簡。險阻萬變，奉此以臨之，情形自著，而吾有以治之矣。」〔明〕王夫之：《張子正
　　蒙注》卷5，頁212。

功於天而氣因志治也。」[71]人要做「存神盡性」的工夫，才能讓二氣得理，而氣也因人能「持志」才得以治。可見「氣」有兩面性，一是要在工夫中展現其能「神」的主動性，一是需要「志」方能得治的被動性。人道有此主動、被動的雙重面向，其實正合於天道中的乾坤健順之道。乾道便是主動顯發之道，坤道則是被動順成之道，兩種力量的表現方式必須同時發揮作用，天地的生化與人道的踐形才能實現。

　　我們可方便地將「心氣」與「才情之氣」歸於主動與被動兩面。主動的心志之氣，須貫徹於才情之氣當中；被動的才情之氣，若持志提起便內含主動性。心的主動性與才情的被動性兩者一體兩面，分析地看是道器兩層，綜合地看是即器即道。主動與被動只是權說，兩者總得互相涵攝，主動得流貫充實於被動，被動則隱涵主動。主動之陽氣與被動之陰氣，總在隱顯相待的關係中順承運行，二氣交感相應、流轉化生。專心致志的心志之氣是自覺地作具體的克己復禮的工夫，是主動的覺察被動引起的才情之氣的流動是否失當，這是有工夫相的工夫。然而，「對於忿、欲不可過分地懲窒」，則是不做工夫的工夫，看似被動實則是主動的放讓涵養，讓性情自我調節，雖無工夫相，仍有不自覺的自然工夫潛藏其中。

　　主動與被動的雙重作用顯示陰陽兩體相反相成、差異共濟之妙，此一易理中「肯定差異性」的思維，在船山思想中表現得淋漓盡致，例如以下還可從幽明（也可說隱顯）互涵言之：

> 盡心思以窮神知化，則方其可見而知其必有所歸往，則明之中具幽之理，方其不可見而知其必且相感以聚，則幽之中具明之理。此聖人所以知幽明之故而不言有無也。[72]

---

[71] 〔明〕王夫之：《張子正蒙注》卷1，頁44。

[72] 〔明〕王夫之：《張子正蒙注》卷1，頁29。

不論是幽／明、隱／顯、靜／動，都是氣之兩體（陰陽）彼此內在互相包含、雙向作用的表現。至於兩體是否共成爲一體？船山的說法有時不免含混，時相出入。

關於兩與一的關係，張載於《正蒙》中說：「兩不立，則一不可見；一不可見，則兩之用息。<u>兩體者</u>，虛實也，動靜也，聚散也，清濁也，其究一而已。感而後有通，<u>不有兩則無一</u>。故聖人以剛柔立本，乾毀則無以見易。」[73]船山的注爲：「虛必成實，實中有虛，一也。……<u>一之體立</u>，故<u>兩之用行</u>；如水唯一體，則寒可爲冰，熱可爲湯，於冰湯之異，足知水之常體。」[74]張載認爲「不有兩則無一」，可見差異性原則是更爲根本的原則，沒有差異就沒有同一。但在船山的注中，則顚倒了此一差異和同一的本末關係，而把差異看成了「用」，同一則是差異之用的「體」。類似的說法很多，例如關於生死的問題，將死視爲回歸「太虛」本體之「一原」，似乎隱涵著氣的形下現象世界之差異的萬殊並非「本體」與「一原」：

> 惟其理本一原，故人心即天，而盡心知性，則存事沒寧，死而全歸於太虛之本體。[75]

這類的語句顯示出王船山對於張載「兼體」之說並未充分貫徹，「氣的工夫」中的「一」並不取消了「異」，陰陽二氣既爲實，二氣之理雖然可以互相包含、彼此作用，但也不可淆亂。以下的說法才能顯出船山「氣的工夫」的特色，且眞正繼承了張載「兼體」的思想：

73　〔宋〕張載：《正蒙・太和》，頁9。

74　〔明〕王夫之：《張子正蒙注》卷1，頁36。

75　〔明〕王夫之：《張子正蒙注》卷1，頁33。

> 聖人成天下之盛德大業於感通之後，而以合絪縕一氣和
> 合之體，修人事即以肖天德，知生即以知死，存神即以
> 養氣，惟於二氣之實，兼體而以時用之爾。[76]

> 陰陽各有其體，而動靜者乃陰陽之動靜也。[77]

只有「兼體」的思想才能落實「氣的工夫」中貫通生死、情欲、動
靜、天人、鬼神，而貞定如一。此「一」才能應萬物而不累，所謂
「兼體無累」的工夫並不取消差異而是肯定差異，才能「天之所命無
不可樂也」。[78]

　　王船山「氣的工夫」只有貫徹此一「兼體無累」的原則，在理氣
問題上才突破了程朱傾向於外在二分的形上格局，真正轉成內在超
越論。再者，在主體論上能展開一更具政治社會面向、作為「社會
我」的「複數主體」，這既是船山整體思想的歸趣，在具體內容上也
有足夠的資源可以容納此一理論詮釋的方向。

---

[76]　〔明〕王夫之：《張子正蒙注》卷1頁37。

[77]　〔明〕王夫之：《張子正蒙注》卷7，頁275。

[78]　〔明〕王夫之：《張子正蒙注》卷5，頁207。

第三章

内在他者性

一、前言

　　「文化」作為一個複合詞是現代中文的產物，在古代中文「文」「化」連用的狀況也有，但不是作為一個詞來使用，如漢劉向的《說苑・指武》：「聖人之治天下也，先文德而後武力。凡武之興為不服也，文化不改，然後加誅。夫下愚不移，純德之所不能化，而後武力加焉。」[1]在這裡「文」是相對於「武」來說的，「文化」是指「以文治來教化」。[2]在類似的表達方式中，「文」是以華夏為主體，四夷則野，有待教化，不服者則以武力征伐。「文」是能「化成天下」的主體，古典中文的「文化」是文／野（質）、雅／俗的禮教等級秩序，有高下之別，而唯一的文化主體是中原的諸夏。然而在現代中文的語意脈絡中，作為對應於西文Culture／Kultur的「文化」，其意涵有了根本的改變。華夏已然不是唯一的文化主體，天下不再是以華夏為中心來定義是「文」是「野」。是否有某種尺度可以鑑別不同地區的生活方式、文明型態的差異性品評「文化」高下優劣之別，已經受到很大的質疑。始於十九世紀末華夏文化所遭遇的「現代化」挑戰，不論是被迫或主動地將「現代化」視為具有規範意涵的語詞，它是以西方文化為尺度，「歐美」成了「化成天下」的主

---

[1]　盧元駿註釋：《說苑今註今譯》（臺北：臺灣商務印書館，1979年），頁517。

[2]　「文」在古典中較多是指文采、章章、文獻、文飾等，跟現代中文的「文化」較有關的是文治、文事等相對於武功、武職等用法。在古典中較常被提起也最可深究的「文」當屬《易・賁・彖》中的「剛柔交錯，天文也；文明以止，人文也。觀乎天文，以察時變；觀乎人文，以化成天下。」其中的「人文」是相對於「天文」來說的，兩者之間有呼應的關係。「天文」是自然世界、天體宇宙的物理、法則，觀天地之理可察歷史運會。「人文」則是人間世界、政治社會的倫理、制度。「觀乎人文，以化成天下」是以人間倫常的貞定為基準，進而教化育成天下萬物。人間社會與天地萬物若交感和通則能常新不息；倘若天人不相交感、閉塞不通，則蔽亂敗亡常處凶險。

體（主語），本是天下之中的「中國」，成爲武力加諸其上不得不「服」、「改」的化外之國。莫非自古以來中西皆然的是，文武之道本就相倚而生，沒有政經硬實力，文化軟實力便無著附之處。主體的「文」要「化」陌異的他者，使其成爲屬己的，「文化」就在此一「化他爲我」的交錯融匯過程中愈來愈有活力；反之，則「我化爲他」而消失滅亡。「文化」的交錯，何嘗不是生死的鬥爭？

作爲對應於西文的現代中文的「文化」此一詞語從文字本身來考量，即已隱涵了「跨文化」的意涵。《說文》：「文，錯畫也，象交文。」[3]「文」便是交錯的紋理。「化」則有生成、變化、教化、治理之意。「文化」既是內在於具有支配性地位的文化主體在其統轄領域中自身不斷交錯變化的人文教化，也是與域外的異文化交錯流衍、相互轉化的施化之道。考察古代中國如戰國時期不同地域（齊魯秦楚等）文化互動的過程，或古希臘時代哲學發展的人文地理（如西亞與希臘、義大利），或許可以印證，不同區域宗教文化的交錯混融與文化的創新推進彼此息息相關。從語言、地域、歷史仍然可以劃出不同的文化系統並據以界定特定文化的某些特徵，然而不容否認的是，各個文化系統內部，屬己的與陌異的文化之間，保有一定程度的內外交錯互動，當是文化發展的重要動力。從中國儒道釋文化與歐洲基督教文明二千多年的歷史來看，「文化」或許從來就是在「跨文化」的交錯中畫出自身的形貌、畫出自他的界限。

二、「同化」與「分化」

在較早期的著作《不合時宜的考察》一書，尼采主張：「文化首先是一個民族所有生活表現中藝術風格的統一。擁有許多知識既不是文化的必要手段，也不是它的表徵，甚且會在必要時恰好就是文

3　〔漢〕許慎撰，〔清〕段玉裁注：《說文解字注》，頁429。

化的對立者──野蠻，換言之就是毫無風格，或者所有風格雜亂地拼湊。」[4]「文」和「野」的分別判準，在早期尼采的眼中是「藝術風格的統一性」（Einheit des künstlerischen Stiles），是否有文化，端視其是否有能力將不同的知識與生活表現形塑統整成一有風格的總體。毫無風格或雜亂無章，都是沒有文化水準的表現。有活力的「統一性」是尼采早期文化批判的標準，尼采在寫作此書時，普魯士才戰勝了法國，德國剛剛取得政治軍事上的統一，彷彿生機勃勃。然而，尼采卻認爲，此時的德國即使軍事上打敗了法國，文化上的創造力仍遠不及法國，甚至可說是處於毫無特點只知拙劣地模仿法國的野蠻狀態。

　　「統一性」當是成熟文化的表徵，因爲富有創造力，於是能夠賦予多樣性以統整的風格，而不會在零碎雜多的堆疊拼湊中失去風格。「統一性」表現了文化「同化」的力量，能將多的、新的、外來的統合爲屬己的整體，並且打上屬於自己文化的特殊印記。剛誕生的德國，在文化上尙欠自信，不能在模仿外來文化時融鑄出屬於自己的特有風格，所以尼采說：「德國人把所有時代和不同地區的形式、顏色、產品和稀奇古怪的東西都堆放在自己周圍，並且打造了那種現代年貨市集的繽紛多彩，學者們觀察此一現象還稱之爲『現代性自身』。德國人便靜靜端坐在此一所有風格的嘈亂騷動之中。」[5]尼采對新生的德國有恨鐵不成鋼之慨，觸目所及，皆是散亂虛華地以模仿、拼湊與堆疊的方式吸收外來文化，欠缺形塑統整的創造力。法國作爲較高尙的外來文化，既是文化德國想要內化的他者，但仍然只能生硬地架接，尙未能圓熟地吸收消化。

　　然而，只要文化尙有活力，就不會停滯在單調呆板的同一性中固守貧乏的「統一性」，相反地「爲了生命的目的，人必須擁有力

---

[4]　KSA 1, S. 163。

[5]　KSA 1, S. 163.

量，並且運用力量去打碎和分解過去」。[6]古典語文學家尼采並不是
文化的守舊主義者，對古典文化的回溯本身並非就是目的，同時代的
歷史學家與古典研究已淹沒在專業分工與細微零散的知識搜羅中，
並以客觀性的研究自命爲正統。一味沉湎在所謂歷史客觀性的研究
中，文化將喪失指向未來的力量。尼采認爲，正確理解歷史的客觀性
不在於消極模仿經驗性的實證歷史，而是以藝術家積極塑造的才能在
一個「深意、力量和美感世界之中」[7]，發現所有事件的聯繫方式，
一切看似個別分散的事物都獲得了正確理解的位置。因此，批判的歷
史的眞正的目的在於服務生命，引發足以提升生命的行動，而不是作
爲旁觀者，佇立在客觀研究的對象前，反覆咀嚼早已過量的知識，並
且因而失去行動力。古典語文學家的任務跟中國的經學家一樣，是經
世致用之學，不是導向不孕育行動力與創造力的雜亂堆砌的知識負
擔，知識的作用在於推動現實，而不是抑制行動。

　　若「統一性」是此一時期的尼采最爲在意的文化特性，它有「同
化」他者的形塑能力，但他同時也清楚地認識，不能單靠「同化」
的作用，還必須擁有「打碎和分解過去」的「分化」作用，這是激
進地「遺忘」自身的力量，也就是讓自己陌生化成爲他者，在「分
化」、裂解自身中，超越自己。以古典希臘文化爲榜樣的尼采，並非
眷戀過去的榮光，沉溺在歷史的塑像來等待過去的救贖，而是冀望當
代歐洲能夠恢復古希臘在活潑開放的文化交流中多方模仿、學習的能
力，使未來的創造與過去的典範相呼應。

　　「同化」他者，使文化具有整合力量來創造屬於自己的風格；
「分化」自身，則使累積的歷史文化能夠在「遺忘」的否定性的批判
力量中自我超越。「同化」與「分化」的雙重作用使文化在內外與自
他的交錯中保有既創造又毀滅的生命力。然而，此時的尼采仍未看到

---

[6]　KSA 1, S. 269.

[7]　KSA 1, S. 292.

雙重作用協作的必要，要到下一部著作《人性的、太人性的》，我
們才能看到「跨文化」對於文化的必要性，並逐漸形成系譜學的思
考。

三、「多音複調」的主體

　　完成於1876-1878年間的《人性的、太人性的》，是標誌尼采思
想逐步趨於成熟獨立的重要著作。該書揮別了形上學，更加確信地以
生成的角度來考察描繪人如何以自我欺騙的方式發展出道德、宗教
的歷史。形上學、道德、宗教既是人類自我理解的謬誤所構成的歷
史，然而卻是基於自我保存的需要所創造的產物，如今，人類是否能
夠從生成的、歷史的方法來思考人的未來，發現另一種人類生活的方
式成了尼采系譜學的重要任務。《人性的、太人性的》是系譜學方法
的初次習練，十年後（1887年）出版的《論道德的系譜學》則以更
激進的方式操演系譜學。

　　早期尼采雖然已經能夠歷史地思考文化的問題，但是仍未意識到
「統一性」是被虛構出來的，還未徹底擺脫形上學的同一性。《人
性的、太人性的》的書名已對人的自我理解無情地嘲弄，「人」與
「人性」只有語詞自身的同一性，其「統一性」是基於自我保存的需
要而在歷史中被虛構出來的。人及其文化，已經在歷史的推移中達到
了這關鍵的一步，發現了形而上的善與惡自身是不存在的，凝結個人
之間、民族之間的紐帶可能未必要繼續採用道德與宗教的手段。承認
一切都是生成的，認識到自我內部的多樣性是在生存鬥爭中自我陌
異化的結果，「內在他者性」（Die Andersheit im Selbst）被揭示，
人與文化的自我超越便成為可能。[8]主體自身的虛化，意謂著所謂的

8　「內在他者性」是筆者綜合尼采與氣的思想所提出的概念，這個詞並非尼采所有，Die
　　Andersheit im Selbst則是相應於中文的自鑄之詞。在尼采哲學的脈絡中，特別是在他有關

「自我」便是擁有力量的一種感覺意識，沒有力量背後的實體性主體與同一性自我，沒有施展力量的主體，主體就是複數的力量彼此運作的叢集格式與交互關係。但這並不是說，文化的同化與統一性就不再必要，只是「文化的主體性」像「人性」問題一樣，擺脫了形而上固定不變的本質的思考方式，從生成的角度來思考「文化的主體性」，就承認了「跨文化的必要性」。「跨文化」的規範性來自於文化自我更新所必要的陌生化，但並不否認「文化的主體性」及其「統一性」仍是文化形塑的重要形式，只是不能因此僵化成排他的同一性思維。接納文化的「內在他者性」，才能不斷勇於挑戰自身的自明性，光明與幽黯並非背馳對立的兩極，而是弔詭地相互交纏。

　　與形上的、宗教的人不同，尼采認為「我們今天的人正好相反：人如今愈是感到自己內在的豐富，愈是一『多音複調』（polyphon-er）的主體，那麼他就愈能感受到自然的和諧。」[9]尼采呼籲人類克服自己的道德性，勇於認識自己的「不負責任」與「無罪」，克服自由意志的幻想與負疚的罪惡意識，成為「非道德主義者」。他說：「所有道德領域中的事物都是生成的、會變的、搖擺的，確實可說一切皆流，然而同時也可說一切皆有定向：朝著同一目的流去。」[10]因為人是歷史生成的產物，必然是多音複調的主體，此一複數的主體是無法不在生成變動中成為他所是，生成的主體是無辜的，不可譴責的，人無法不成為這樣的主體，也不能為此負責，因為這不是人所能選擇的。但是未來的人該成為什麼？有能力決定自己的存在嗎？能成

　　「自由精神」（freie Geister）的說明中，此一被尼采視為未來哲學家的特性，便是追求陌生化自身，要求「更多、更高、更大而且絕然不同者」（etwas Mehreres, Höheres, Grösseres und Gründlich-Anderes）。KSA 5, S. 60.另參《善惡的彼岸》第41節，尼采表示，人必須以淡漠的態度對待自己，摒除對祖國的依賴，此一習練是自我護持其獨立性的最佳試煉。KSA 5, S. 58-59.

[9]　KSA 2, S. 113.

[10]　KSA 2, S. 105.

為什麼？

如同蝴蝶即將破繭，「陌生的光線與自由的王國」會令它迷亂，「最明燦的陽光和最陰翳的晦暗」在此相互交疊，尼采寄望人類能夠嘗試突破，「克服自己的道德性，轉化成明智的人」。[11]過去，缺乏歷史性思考的人想要排除變化生成，以形上學、道德、宗教纏縛住人，並且虛構了「本質」與「統一性」來界定「人性」，因此把四千多年的人類說成是永恆不變的人性。[12]一旦帶著歷史的眼光來思考，那麼「一切都是生成的，沒有永恆的事實；也沒有絕對的真理。因而從今以後，以歷史的方式進行哲學思考便是必要的，而且要伴以謙虛的美德」。[13]謬誤與誤導在過去培育了人類，因此道德、宗教、形上學即使建立在虛構之上也有其必要，但是日漸明智的人類現在已到破繭而出之際，新的知識告訴人類，一切的生成均是無辜與必然的，沒有神靈在操縱偶然性，善惡不是形上學的二分，而是明智與愚昧的等級之分。人類新的自我理解將導向一種新的生活習性，帶來自身的轉化。

四、從語文學到系譜學

在尼采的語文學研究中，他對希臘文化、藝術方法的重新定位與對當代文化的批判息息相關。尼采認為當時語文學界對古典主義欠缺真正的理解，此一理解的缺失也暴露了當代歐洲的文化病癥。尼采一反當時主流的觀點，提出了他心目中真正希臘文化的精神內核，即肯

---

[11]　KSA 2, S. 105.另外可參考《善惡的彼岸・終曲》有二句話可相呼應：「我是不是另一個人？是不是對自己也感到陌生？是不是從自己躍了出來？」「光明與幽黯的婚禮已然降臨。」KSA 5, S. 241, 243.

[12]　KSA 2, S. 25.

[13]　KSA 2, S. 25.

定文化的「內在他者性」是構成創造性衝突的條件，並從此一界定批判當代歐洲的文化衰退。不論是尼采早期從語文學的進路對古典文化的重新理解，乃至到系譜學思考中出現的「權力意志」學說，都重視文化創造性的來源是對其內在的多元性、差異性力量的肯定。這可證諸於早期戴奧尼索斯、阿波羅精神的二元性，以及中後期的「權力意志」思想。

系譜學進行批判的歷史考察，對同一性形上學的批判導向了價值重估與人類自我理解的轉化。系譜學對歷史的反省，對「從何而來」（woher）的歷史性的思索，其實是延續著早期語文學的工作。從《悲劇的誕生》書名可見，「誕生」（或「起源」：Geburt）一詞即已透露出尼采意圖考掘事物的起源與生成脈絡。把《悲劇的誕生》看成系譜學的首部曲未嘗不可，只是它還帶有藝術形上學的理想與構架。希臘美學的歷史關乎兩種神話類型（戴奧尼索斯、阿波羅）的戰鬥，也就是兩種美學力量的形式及原理的衡定，說明他們力量運作的形式與交互關係。尼采的處女作，如同他的多數其他作品，也是在歷史的陳述中，以回視過去的形式，對當代的問題提出批判。例如，在《悲劇的誕生》中，尼采主張兩種神話力量的平衡與矛盾，對於希臘美學文化的引發與構成具有重要的意義。此一看似客觀的歷史陳述也包含了對撕裂的現代性的診斷，尼采認為這是個「去除二分」（Ent-zweiung）的時代，[14]也就是不能正視主體的「內在他者性」。

Ulfers和Cohen認為，尼采是一個充分完成的古典主義者，他走出歌德思想的困局，消化了歌德未能消化的康德。尼采既拒絕簡單的主體可以再現世界，也反對主體只是對客體的被動反應。主體和客體、心靈和世界、思考者和被思考者的對立，以更巧妙的方式疊加在

---

[14] Martin Saar, *Genealogie als Kritik. Geschichte und Theorie des Subjekts nach Nietzsche und Foucault.* Frankfurt/New York: Campus Verlag, 2007, S. 23-24.

一起，然而不同於黑格爾以「揚棄」（Aufhebung）的方式達到的綜合——意謂著以消除矛盾帶來提升，而是肯定差異性、矛盾性，肯定主體在生成的歷史中定然具有的「內在他者性」。在《悲劇的誕生》中，尼采肯定了戴奧尼索斯和阿波羅原理兩者間的矛盾有不可取消性，也就是肯定矛盾所達至的「纏結」（Ineinander）。在尼采看來，談論一種真正的古典概念，意謂著重新整合被排除的、毀滅性的戴奧尼斯索斯因素與建構性的阿波羅因素，創造出一種動力機制，使得不可消除的矛盾、互不相容的力量、互相反對的價值，綜合成一新的「纏結」。此一「纏結」是希臘文化悲劇世界觀的核心。[15]

　　尼采對希臘文化的理解，不同於溫克爾曼（Johann J. Winckelmann）所描述的古典概念，只強調愉悅，或者所謂「高貴的簡單和靜穆的偉大」（Edle Einfalt und stille Grösse）。也不片面強調浪漫主義者所描述的不安、折磨、痛苦。同時，尼采不甘於停留在古典主義與浪漫主義的簡單對立，他以新的方式界定古代文化，想要調停古典主義作為「素樸的詩歌」、浪漫主義作為「感傷的詩歌」之間的對立。尼采認為和解並不表示對立的一種充分和穩定的調停，是比任何調解更高的狀態類比。「纏結」便是把對立的力量理解為動態的交織，並非矛盾的任何一方獲得勝利，而是具有形塑力量的強化作

---

[15] Friedrich Ulfers and Mark Daniel Cohen, "Nietzsche's Ontological Roots in Goethe's Classicism", in: Paul Bishop ed., *Nietzsche and Antiquity. His Reaction and Response to the Classical Tradition*, Rochester, NY: Camden House, 2004, pp. 425-440.在1870-1871年未出版的手稿中，尼采表示：「我們所生活的世界，其本質纏結著痛苦與快樂。」（Das Ineinander von Leid und Lust im Wesen der Welt ist es, von dem wir leben.）KSA 7, 7[196], S. 213.本文所用的「纏結」（Ineinander）即出自此，並引申其義，意指那些被我們視為相對立的分別，如苦樂、好壞、善惡、生死、自我與他人、個體與整全，從肯定生命的立場來看，是彼此交纏、無可切分的。能肯定「纏結」，即承認自我的「內在他者性」，自我在生成中，即不斷在自我異化中追尋自我整合，同化與分化雙重作用，共同構成生命的自我超越與力量提升。個體生命如此，語言文化的發展亦然。

用，將內在衝突導向有機體的升高發展，這遠遠超過被動的、反應的適應外在衝突的方式，而是在《論道德系譜學》第二篇第13節關於「權力意志」所描述的，倘若只注意到外在的條件，將忽略了「自發性的、進擊性的、擴張性的和賦予形式的諸力量的基本優先性，正是這些力量提供我們新的詮釋和引導。」[16]

尼采運用了具有差異性力量的戴奧尼索斯與阿波羅這一對概念，想要超越當時對希臘文化的通行詮釋，其語文學方法不僅與同時代的古典研究相扞格，內蘊的哲學意涵更是意有所指地針對當代歐洲文化的疲困而發。當時仍很年輕後來成爲古典語文學大家的Wilamowitz-Möllendorff寫了一篇題爲〈未來的語文學〉的文章，大肆批評尼采的語文學方法，他認爲尼采是以語文學的歷史批判來包裝實質上是詩性直觀的美學作品。Gentili表示，把尼采《悲劇的誕生》看成是單純的告別語文學走向哲學的著作這樣的論斷即使並非全盤錯誤，也大有偏差。他認爲，自《不合時宜的考察》以迄《反基督》，尼采的思考始終關聯著語文學研究的狀況及任務。[17]

「對矛盾的否定」是抽象的理性主義者最主要的病態與缺失，這是哈曼（Johann G. Hamann）與尼采的共通評斷，他們都從這個角度攻擊當時的理性主義語文學家和歷史學家。在《蘇格拉底回憶錄》和《悲劇的誕生》這兩部少作中，兩人都使用了大量的隱喻與詩性的文字來表達矛盾的不可取消性。在知識與性欲的問題上，他們都批評抽象的理性思考必然成爲一個去勢者。換句話說，沒有什麼眞實的知識是不包含了富涵矛盾、充滿激情的性欲。對尼采來說，蘇格拉底以其魅惑般的魔力將智性主義傳染給歐里庇德斯，並通過歐里庇德斯之手

---

[16] Friedrich Ulfers and Mark Daniel Cohen, "Nietzsche's Ontological Roots in Goethe's Classicism", pp. 428-432.

[17] Carlo Gentili, *Nietzsches Kulturkritik. Zwischen Philologie und Philosophie*, aus dem Italienischen übersetzt von Leonie Schröder, Basel: Schwabe, 2001, S. 9-10.

清除了希臘悲劇中的神話和奇蹟，真正的悲劇從此被趕下了希臘的舞台。蘇格拉底的理性主義不只是偏離了戴奧尼索斯的最高認識形式，而且是一種審美上不充分和不幸的知識，尼采稱蘇格拉底主義是Décadence（退化、墮落、頹廢）。被閹割的理性知識所導致的病態此一課題後來在尼采的《論道德系譜學》中得到進一步的闡發，只是主角由蘇格拉底換成了基督教。啟蒙的反省者哈曼認為，去勢的抽象知識是一種殘缺的知識，他強調感受和信念而反對以思辨的方式來推演命題。因此，對哈曼來說，蘇格拉底是個典型的信仰者，他要藉由助產術來輔助對話者意識到潛存於靈魂深處直覺性（而非理性的）智慧。這點構成了哈曼作為熱烈的基督教捍衛者和尼采的根本差異。哈曼認為，蘇格拉底的「神靈」（Daemon）是神聖的靈感，是藝術創造的源泉、聖經的原型、宗教靈感的來源，因此，蘇格拉底的神靈是正面的。然而尼采認為，蘇格拉底的神靈是過度發達的邏輯和批評本能，其作用主要是負面的。[18]

尼采所批評的蘇格拉底主義，是自我欺瞞的理性，抽離了情欲的生命、排除了矛盾與差異，其實是否定了生命自身，理性本為生命服務，現在卻自身成了目的，乃至不惜毀棄生命來成就理性，生命成了理性的對立物。不論是早期的語文學與後期的系譜學，尼采指出歐洲文化的衰敗有其歷史的根源，即此一蘇格拉底式的片面理性主義，敗壞了希臘悲劇中最為關鍵的戴奧尼索斯的創造性能量。酒神精神是幽黯的美學力量，具有吞噬生命、撕裂自我的毀滅性能量，然而也正是這種毀滅性的力量足以創發、提升生命。沒有衝突就沒有生命。生命內部既可遠引向死亡又成全自身的幽黯之力，是尼采最為看重的藝術原理，同時也是生命的技藝。尼采以生命的視角看待文化，主張文化

---

18 James C. O'Flahert, "Socrates in Hamann's Socratic Memorabilia and Nietzsche's Birth of Tragedy", in James C. O'Flaherty, Timothy F. Sellner, and Robert M. Helm, eds., *Studies in Nietzsche and the Classical Tradition*, Chapel Hill: University of North Carolina, pp. 114-143.

的創造性就如生命一樣，在內在的衝突性中挑戰與超越自己，在力量的交錯變化中自我生成。蘇格拉底式的理性文化，企圖否定文化生命的「內在他者性」，拒絕情欲的擾動，排斥對立性的力量，文化成了單調的統一，而不是內含差異的綜合。

五、「兼體」之氣

　　氣的思維即是思考自然現象與人文世界交錯變化的思維。《易·繫辭上》謂：「通其變，遂成天下之文」，《易傳》的陰陽之道就是闡釋天下變化之道，人文之理則是天道變化的參贊呼應。將氣與陰陽相連的早期文本另如《老子》當中有謂：「萬物負陰而抱陽，沖氣以為和」（《老子》第42章），向陽與背陰之氣的沖和化成萬物，這不是《老子》獨特之見，而是戰國時期漸趨成熟的氣的思想的映現。與《易傳》、《老子》大約同時期的其他戰國時期的思想家（或學派）在其著作中如《韓非子》、《管子》、《莊子》、《荀子》等又各自在不同的向度上闡發了自然與人文在交錯變化的力量中運行發展之道，或據以言君王南面、治國治身之術，或敞開一生命逍遙自得之場、以遊人世以應帝王。戰國時期的理論家，創造出許多不同型態的氣的思想，但是氣作為陰陽變化之理，對立性的力量運作是構成此一變化之理的內在原則，承認氣的「內在他者性」方能言陰陽變化之理，這是氣的思維的共同原理，後世不論漢以降至唐宋明清，或暢言元氣，或劃分理氣，「氣的內在二元性」至少不會偏離。氣的思維發展成氣的文化，既是個人養性修命之道術、醫術，也是政治社會歷史乃至天文地理運行變化的原理。氣的思想與氣的文化範圍太廣，變化無端不可一概而論。就哲學思想的高明圓熟，吸收融合儒道氣的思想，既精微又廣大的首推明末清初的王夫之。船山氣的思維傳承了張載的易學，也吸納了老莊，言氣既可論個人修養工夫，且能充分開出政治與歷史的面向，上通造化之源，下開經世之用，作為氣的思維的高峰，可當之無愧。下文論氣的思維，將特別著

重王船山對易學的消化開發，其中不乏與尼采系譜學互有呼應、彼此
啓發之處。

　　船山發揮易學中「氣」的陰陽動靜之理，在《張子正蒙注》中他
指出，陰陽各有其體，[19]是二氣之實，兩者雖分爲兩體，既「兼體」
而又能在感通中「合絪縕一氣和合之體」：

> 聖人成天下之盛德大業於感通之後，而以合絪縕一氣和
> 合之體，修人事即以肖天德，知生即以知死，存神即以
> 養氣，惟於二氣之實，兼體而以時用之爾。[20]

> 陰陽各有其體，而動靜者乃陰陽之動靜也。[21]

> 無有陰而無陽，無有陽而無陰，兩相倚而不離也。隨其
> 隱見，一彼一此之互相往來，雖多寡之不齊，必交待以
> 成也。[22]

　　「氣」既可二分爲陰陽兩體，又可兼體而和合成一氣，天地的運
行與聖人的德業均是在感通中變化不測，生死的二分性被貫通，但並
非取消生死的界別，而是知其分而不分，不分而分。生趨向於死，
因此生存的每個片刻均通向死亡，雖未死但將死而含著死亡的可能
性。生若是明，則死即是幽，生死幽明互相包含，雖生而在，其實必
將死而往。船山說：

---

[19]　船山說：「陰陽剛柔互言之，在體曰陰陽，在用曰剛柔。」〔明〕王夫之：《周易內傳》卷
　　6下，頁621。

[20]　〔明〕王夫之：《張子正蒙注》卷1，頁37。

[21]　〔明〕王夫之：《張子正蒙注》卷7，頁275。

[22]　〔明〕王夫之：《周易內傳》卷5上，頁525。

> 盡心思以窮神知化，則方其可見而知其必有所歸往，則
> 明之中具幽之理，方其不可見而知其必且相感以聚，則
> 幽之中具明之理。此聖人所以知幽明之故而不言有無
> 也。[23]

有／無是互斥性、彼此背馳的分別，生命的存在並非常有，死亡並非
永無。明／幽則是內在地互相含攝，可見有形之生必通向死，不可見
無形之死必含相感以聚之生。船山秉承「易言往來，不言生滅」的要
旨，認為張載之學「無非易也」，此一絕學可「貞生而安死」，明言
生命無非陰陽屈伸往來之必然，知生命之始原與歸結，均是陰陽變化
之理，則知生非創有，死非消滅。

　　由此可知，陰陽二氣之理是以變化來說明存在，即每個存在的片
刻無不在變化之流中，此一變化之流不是受單一之理所支配，而是陰
陽二氣同時作用的結果，而且二氣既各有其理則而互相分別，又必須
同時作用，陰陽互是對方的「內在他者」。陰陽相互滲透，並非背馳
之理，而是「方分而方合、方合而方分」。[24]陰氣之聚合與陽氣之發
動總是永遠處於雙重作用中，只是隱顯消長的變化依時不同，各隨其
宜。陰陽的互動變化說明了生命的生成轉化，在氣的思維中，自然世
界也是有機的生命現象，同樣可用陰陽之理來闡釋，人文世界也當如
此。前引《易・繫辭上》所言：「通其變，遂成天下之文」，便可見
氣的思維是通及於自然現象與人類文化。

　　生命有生死的始終變化，文化生命亦然。在絕望的時代也有一陽
來復之機，天道與人事無一時刻不是乾坤健順之體的發用。在解釋
〈復〉卦時，船山說：

23　〔明〕王夫之：《張子正蒙注》卷1，頁29。

24　船山說：「夫乾坤之大用，洵乎其必分，以為清寧之極，知能之量也。然方分而方合，方合
　　而方分，背馳焉則不可得而合矣。」〔明〕王夫之：《周易外傳》卷5，頁990。

還歸其故曰復。一陽初生於積陰之下，而謂之復者，陰
陽之撰各六，其位亦十有二，半隱半現。見者為明，而
非忽有，隱者為幽，而非竟無。天道人事，無不皆然，
體之充實，所謂誠也。[25]

陰陽的本性是陽處明、陰處幽，任何一卦都有六陰六陽共十二位，陰
陽二體隨時都承體起用，但是因為向背的關係，只能見到陰陽構成
的六位。[26]例如〈乾〉卦雖然是純陽，但並非無陰，陰只是處於幽，
隱而未現；〈坤〉卦雖是純陰，但並非無陽，陽只是處於幽，隱而
未現。船山說：「六十四卦，六陰六陽具足，屈伸幽明各以其時而
已。」[27]他主張《易》乾坤並建，陰陽六位各至，只是隨時不同而相
為隱顯以成錯綜，乾坤函六十四卦之德，這兩卦化而為其他六十二
卦。陽變陰化，皆自然必有之功效。隱顯、向背、幽明之相異，都
是純而不雜易簡之德的全體大用，可歷天下險阻之變而無不感通成
化。

　　乾坤有向背，六十四卦有錯綜，但眾殊變化均不捨離於乾坤之
宗統，所以船山說：「知其異乃可以統其同，用其半即可以會其
全。」[28]乾坤是陰陽至純之德，乾至健、坤至順，兩者體用各異，但
均是易之體。乾坤是易體的門戶，「神無方而易無體」，無體之易是
以乾坤相異之體展開不測之神用。至純之乾與坤函至足之易德，所以
能演變為陰陽相間之雜卦。船山說：「故非天下之至純者，不能行乎

[25] 〔明〕王夫之：《周易內傳》卷2下，頁225。
[26] 汪學群：《王夫之易學——以清初學術為視角》（北京：社會科學文獻出版社，2002年），
頁136。
[27] 〔明〕王夫之：《張子正蒙注》卷7，頁276。
[28] 〔明〕王夫之：《周易內傳》卷6下，頁639。

天下之至雜。不足以純而欲試以雜，則不賢人之知能而已矣。」[29]至純不雜爲易簡之德，是說易的體性以純一至專爲易簡之道，但此純一不雜卻通於天下之至雜，能歷天下險阻，因何之故？因陰陽雖爲相異之體，卻交感爲用，這是異而能通，雖雜而純。雖至陰之坤，其中相異之陽體藏而不露，但又可隨時發用；至陽之乾，其中之陰體亦隨時潛隱順承，不顯其用但妙用無時不在。這即是船山所謂「用其半即可以會其全」，天道變化不是一時俱現其全，而是總在半隱半現中起全體大用。乾坤並建的義理船山也以動靜相函來申明：

> 晝動夜靜，天之道，物之情也。然動不可靜，則氣浮而喪其心之所守；靜不能動，則心放而氣與俱餒。故易以剛柔相推之數，著其剛下生柔、柔上生剛之動機，示人以動靜相函，如晝夜異時，而天運不息，晝必可夜，夜必可晝也。

天運之所以不息，以其剛柔相濟、動靜相函，所以晝夜交替、四時推移，以易簡之道應繁難。船山認爲，賢人希天希聖之道，以其性具乾坤之德，動而可靜、靜而可動，二氣皆可清通所以能行乎險阻，德業貞定於易簡之一。

　　《易・繫辭上》：「通其變，遂成天下之文」，此中的「天下」與「文」雖是古典中國的世界觀與文化觀，如今看來適足以成爲跨文化的天下觀與文化觀。跨文化的天下文化，其任務是超越十八、十九世紀迄今以民族國家爲本位的文化觀。正視文化的「內在他者性」是跨文化素養的關鍵。如尼采系譜學與王船山氣的思維所顯示，文化生成的邏輯是其內在交纏與錯綜，唯有承認「內在他者性」才能讓

形塑文化的「統一性」不落入排他背馳的「同一性」，超越本質主義式的文化認同。跨文化天下中的主體是多音複調的複數主體，天下不再有中心，或中心是「方分而方合，方合而方分」的「虛體」與「兼體」。能「虛」所以「至純無雜」，而以誠體感通遍歷文化的差異性。然而，此一「至純無雜」之體又是交纏錯綜的「兼體」，其「至純如一」不是真有一內在同一不變的核心實體，而是能分能異能變化能錯雜的「二氣」，唯其「清通」所以「至純」，所以能「通天下之至雜」，這是「知其異，乃可以統其同」。跨文化的施行運作必須兼具文化形塑的同化與分化的雙重作用，在同化中保有屬己的整合性，在分化中表現開放的創造性，如此才能統合混雜而不散亂，遍歷差異而不僵固排他。跨文化的創造性與轉化力來自於主體總想迴避，但實應正視的「內在他者性」。

綜上所述，「兼體」之氣和尼采系譜學的相遇，顯示出批判文化同一性的思想力度。再者，透過氣的思想打破人文與自然的分野，既呼應尼采思想已然挑戰的人類中心主義，又進一步以二氣交感的內在纏結關係，充分展開尼采及其後學並未明白承認的人與自然的感通關聯。天人之間既分且合的弔詭性同一與內在他者性，仍是跨文化氣學有待進一步探索的方向。

第四章

「二氣交感」中的
自由

一、前言

　　現代社會的特性之一是自由的實現。尤其歐洲自文藝復興、啓蒙運動以來，不論在思想文化領域及政治社會的實踐上，個體自由、自主的充分發展，使社會愈趨多元化。然而，對自由的理解本身就是個多元複雜的社會現象，由之所引起的爭議與爭鬥，都讓自由的反思成了相當迫切的問題。自由開放的社會如何面對分裂對立的困境，也成了重要的政治問題。

　　其次，現代西方社會尤其自十九世紀科技高速發展以來，自然與社會走向了背離的解紐過程，此一解離自然的社會演化趨勢，已有修正扭轉的必要。莫非人類自由的實現得以解離自然爲代價？甚至，支配與控制自然成了自由實現的重要標誌？自然與自由的關係需要更精細深入的辯證思考，在思考自由問題時，是否應當不再限於關注「人－社會」（社會中人與人的互動關係）的關係？如何考慮人與自然的關係，洞察「人－自然－社會」內在連結的必然性，該當也是思考自由問題必須納入的結構關係。從這個角度來說，古典中國氣的思維通及於自然現象與人文社會——人類政治社會的生活方式和自然生命整體（天地）的運作密切相關，這種思維模式對照於西方傾向於解離自然的自由思想，頗富啓發性。《周易》的自然哲學是氣的思維的主要源頭，本章將透過王船山對《周易》的詮釋來闡明氣的思維中「人－自然－社會」的連動性。將王船山氣學思想放在當代自由民主社會的語境中，一方面希望闡釋其現代意義，另一方面，也寄望跨文化對話中的氣學，能爲自由問題打開新的思考角度，反思現代性自由的侷限。

　　德國法蘭克福學派哲學家霍耐特（Axel Honneth）近期的力作《自由的權利——民主倫理綱要》（*Das Recht der Freiheit. Grundriß einer Demokratischen Sittlichkeit*）對勃興於近代西方思想的「自由」（Freiheit）理念進行了批判性的重構。在此書的討論中雖

然也關注生態持續性問題（例如生產力提升與消費社會對自然生態的影響），但是未曾將自然納入結構性思考的位置。以下先十分簡要地勾勒霍耐特如何在該書重構西方自由思想提出他的關鍵概念「社會自由」（die soziale Freiheit），再說明王船山氣學思想何以能夠介入相關討論。

霍耐特批評「消極自由」無法進入個體的主體性（即其自我關係）之中，而由「反思自由」（或對照於柏林所說的「積極自由」）所展開的行動，雖然它的內容被設想為自我決定的，但是其客觀真實性仍受其他因素影響而不能向外伸展，因為客觀真實性被主體視為外在的對象，自律的行動因而也逆轉為他律的。[1]為了克服此一困難，霍耐特吸收黑格爾法權哲學（Rechtsphilosophie）中的自由思想，發展出「社會自由」的概念，不僅讓意圖的形成不受到任何外在的限制[2]，而且主張客觀領域的真實性也要符合自由的標準。霍耐特引《法哲學原理》（*Grundlinien der Philosophie des Rechts*）中黑格爾關於「友誼」和「愛情」的說明，作為自由在社會外在領域中的例證：

> 在此，人不是單單在自己之中，而是願意讓自己限制在與他人的關係之中，然而卻明白，即使在限制中仍能保有自己。在這種確定性中，人不會覺得自己被決定，反而因為把他人看成是別人，才擁有了自我感受（Selbstgefühl）。[3]（黑格爾，《法哲學原理》第7節）

霍耐特認為，黑格爾在此所使用的表達「在他人中保有的自我」

1　Axel Honneth, *Das Recht der Freiheit. Grundriß einer Demokratischen Sittlichkeit*, S. 83.

2　「消極自由」強調排除外在障礙者，「反思自由」則主張自我決定或自我實現。

3　G. W. F. Hegel, *Grundlinien der Philosophie des Rechts*, in: ders., *Werke in zwanzig Bänden*, S. 57.

（Bei-sich-selbst-Sein im Anderen），包含了「社會自由」的關鍵概念。社會是自由的媒介或實施條件，因此必須將自由建立在社會機制之中，例如「友誼」或「愛情」這類社會機制讓主體置身於交互承認的關係之中，能夠將所遭遇的人看成是在自己之中的他人。[4]在交互承認中相遇的主體，彼此將自己的行動看成是對方目標實現的條件，社會真實性因而不會被主體當成是外在的客觀領域，而是在主體相互補充、共同期待的意願中體驗到不受強制的自由，此一在社會真實性內部所實現的自由即是「社會自由」。[5]

　　霍耐特「社會自由」的思想相當豐富在此無法多作申述，本章將從「交互承認」（Wechselseitigen Anerkennung）的觀點出發，特別關注此一問題：在當代多元社會中如何形成「我們」？共同生活所需的「一體感」（Solidarity / Solidarität），[6]其情感與文化聯結的基礎何在？除了霍耐特自己的提問和回答外，[7]我們還想知道，社會的

---

[4]　Axel Honneth, *Das Recht der Freiheit. Grundriß einer Demokratischen Sittlichkeit*, S. 85.可以留意的是，在這段黑格爾的引文中，自我的確定性是在他人中獲得了自我的「感受」（Gefühl），「感受」在「友誼」與「愛情」中的關鍵性無庸置疑。情意性的感受，在霍耐特承認理論中至為關鍵。例如在《為承認而鬥爭》（*Kampf um Anerkennung*）中，霍耐特即主張「情感優先於認知」，這是承認理論的重要論述起點。Axel Honneth, *Kampf um Anerkennung. Zur Moralischen Grammatik Sozialer Konflikte. Mit einem Neuen Nachwort*, Suhrkamp: Frankfurt am Main, 2014, S. 63-64.順著此一思路，要將霍耐特承認理論連結上儒家的「一體之仁」當非難事。在程顥著名的〈識仁〉中，以手足麻痺為喻闡釋仁的感受。仁的倫理性立基於感受的能力，感受也不僅僅是個人的內在體驗，可以通向人際，甚至人物之間，用身體的自然性質來隱喻社會的倫理關係，其中隱涵的旨趣值得深入探究。

[5]　Axel Honneth, *Das Recht der Freiheit. Grundriß einer Demokratischen Sittlichkeit*, S. 222.

[6]　Solidarity / Solidarität通常譯為「團結」，但「團結」此一譯語容易聯想到威權體制中國家意識型態的統治修辭，較難表現平等互助的友愛關係。本文將solidarity譯為「一體感」（或「結為一體」），代替以往帶有國家主義色彩的「團結」譯法。同時藉此連結儒家的「一體之仁」，以與「交感」（empathy）、「交互承認」等觀念產生跨文化的聯繫。

[7]　請參第二節關於「交互承認」及「在他人中保有自我」的相關說明。

真實性內部是否與自然有關？或者自然仍被霍耐特視爲外在於社會的領域？在儒家氣的思想中能否找到與此問題相關的思考線索？將氣的思想引入霍耐特所打開的理論視野，可否讓「社會自由」隱而不顯的自然向度提升至結構性的思考位置？在《周易》的自然哲學中，天道（自然節律）－人道（政治社會秩序）的呼應關係是基本前提，與近代西方思想與現代化社會與自然背離的趨勢大不相同。本章將以「二氣交感」來表述王船山易學中氣的思想，並與霍耐特「社會自由」與「交互承認」的學說對話，希望藉此糾正現代社會對自然的宰制傾向。其中的關鍵在於，「二氣交感」思想涵蘊著自然生命與社會倫理的內在共構，「交互承認」除了社會關係中人與人彼此之間能夠「結爲一體」，更重要的是，此「一體感」之所以足以化解思維歧異，是由於它還滲透著自然生命內在本具的同情共感，連通著自然生命的整體運作，共同生活的可能性和自然生命的一體化有重要的關係。不能承認自然的人，自我理解也會有所缺損。因此，自然不只是人文社會的外在他者，也是彼此共存的內在他者。用氣的思想來表達，陰陽二氣共成一體即表現了自然與社會除了一體化的交感共存，也有內在爭鬥克服以形成動力循環的理路。[8]氣的思維可望爲霍耐特承認理論中略嫌薄弱的「我們一體感」，獲致情感文化的聯結基礎。

　　將王船山氣學聯結上霍耐特承認理論中的自由思想，似乎頗爲突兀，但若不覺得王船山與黑格爾的思想有太遠的距離，再考慮霍耐特憑藉黑格爾哲學發展他的「社會自由」概念，此一跨文化的對話脈絡似也有跡可尋。牟宗三談到消極的自由的限制時也回到黑格爾，他認

8　「氣」由陰陽的互爲他者來表現天地之道的運行成化，王船山對《易・繫辭》中「一陰一陽之謂道」的說明，很能闡釋陰陽互爲彼此的「內在他者」：「無有陰而無陽，無有陽而無陰，兩相倚而不離也。隨其隱見，一彼一此之互相往來，雖多寡之不齊，必交待以成也。」〔明〕王夫之：《周易內傳》卷5上，頁525。

爲黑格爾透過對個人主義的批判來透顯普遍性，並且將不同個體的眞實存在重新組織起來成一有機的整體，試圖消融個體性與普遍性的對立，而使兩者各有其眞實性。黑格爾此一思路展現具體的普遍性，特別能說明人文世界歷史、文化的問題，這也正是王船山思想的特點。牟宗三希望回到黑格爾的古典精神來救治個人主義式的自由自私自利的傾向，此一進路與霍耐特可說異曲同調。[9]另外，牟宗三主張氣要經由工夫的轉化才能提升至神，而歷史則是精神辯證轉化的過程，他贊同黑格爾所說「第二自然」之義，即理性離開原始的自然，提升爲精神的、人文的，理性的表現是在間接的、動態的升舉轉化中實現其價值。就這點來看，王船山說「天假秦政之私以實現天理之公」也和黑格爾的歷史哲學一樣，承認「理性之詭譎」是在存在的轉化中演生歷史。[10]

雖然霍耐特並不採用黑格爾的精神辯證法與歷史哲學而是汲取法權哲學來討論自由問題，而牟宗三用「精神實體」的角度來看待黑格爾與王船山的對應關係也不是本章的理論進路，然而此處所關注的王船山思想的現代意義，其中涉及了自由、自然、社會、國家的議題，透過霍耐特的視角也與黑格爾產生了間接關聯。王船山、牟宗三、黑格爾、霍耐特雖然哲學取徑各不相同，然而以跨文化對話的方式，將他們的思想關聯在自由的問題上討論或能激盪出新意。

二、如何形成「我們一體感」？

當代民主社會不論是歐洲、北美或東亞都面臨了一個關鍵的危

9　牟宗三有一專文〈黑格爾與王船山〉1954年先發表在《政論周刊》，後來收錄在《生命的學問》。關於救治個人主義與自由主義的問題也可參看同樣收錄在《生命的學問》中的〈自由主義之理想主義的根據〉一文。牟宗三：《生命的學問》（臺北：三民書局，1991年）。

10　牟宗三：《政道與治道（增訂新版）》（臺北：臺灣學生書局，1987年），頁250-253。

機，即「如何讓意向完全不同的國家公民聯結起來，並且共同致力
於公眾性的協商」[11]，這也是霍耐特關注的焦點，他並且希望找到一
種根源性的情感來凝結社會的一體感。換句話說：「我們」如何可
能？「消極自由」因爲不涉及主體的內在決定，最終不免導致個人
主義，表現在市場經濟中便是追求個人利益的極大化而缺乏道德限
制，個體獲得法律的保障在取消外在限制的同時也閉鎖在自我中心的
私人領域之中，主體之間或者是疏離或者只有競爭的關係。新自由主
義市場經濟，隨著全球化浪潮進一步加深加劇了個體間的距離，全球
雖然經濟一體化，共存共榮的情感聯結仍然遙不可及。愈來愈多的移
工、移民，加上近期因中東戰爭而爆發的政治難民危機，威脅的絕不
僅止於歐洲社會，對全球政治經濟的影響難以估計。人權、民主與開
放社會恐怕過不多久將不再是歐盟的共識，人道主義的呼籲與作爲是
否仍能抵抗極右勢力的排外風潮，實難樂觀。

　　1990年代以後的中國大陸，環環相扣的政經因素共同促成了民
族主義思潮的興起。連續二十多年來經濟的高速發展轉移抵銷了政治
改革要求的壓力；學術界與民間的國學熱與傳統思潮風起雲湧，取代
八〇年代引入的西方自由思想與民主憲政的討論；政經軍事的硬實
力，讓中共官方堂而皇之地宣告「中華民族的偉大復興」，訴諸民族
自豪感，有助於掩蓋壓制政治自由化的力量，並讓社會在汲汲營營的
市場經濟大潮中，集體沉醉在大國崛起的迷夢中。然而，強大的經濟
動能一旦減弱，統治權力的內外矛盾浮上檯面，若再加上連鎖的政治
經濟危機，民族主義激情無疑將成爲穩定政權的最佳武器，用以操縱
發動各種壓制手段甚至發動戰爭，若果如此，一場區域性、全球性的
災難勢所難免。

　　民族主義固然曾在十九世紀以來，伴隨著不少民族國家建立的過
程中發揮過反殖民、反壓迫的良性功能，但由之引發的弊害災禍恐怕

---

[11] Axel Honneth, *Das Recht der Freiheit. Grundriß einer Demokratischen Sittlichkeit*, S. 494-495.

不成比例。現代國家公民內部異質性的擴大，致使不論從正當性的觀點或出於現實考量，訴諸民族情感、傳統文化來統合公民的國家認同，不僅不合時宜且破壞力強大。衡諸中西社會，除了民族認同之外，是否還有其他凝結國家公民情感的正當聯繫方式？當代多元社會包含著複雜分歧的高度異質性仍可形塑出共同的文化認同嗎？如何在追求個體自由自主的同時又能互助友愛？以上的問題雖然可以牽連的範圍太廣、性質太複雜，但不妨先從「如何構成我們一體感？」這個根本問題開始探究，霍耐特立足於社會主義及批判理論所提出的「交互承認」學說為我們指出重要的思考方向，也為批判當前民族主義浪潮提供理論資源。

霍耐特認為「交互承認」是黑格爾自由理念的關鍵，[12]他表示：

> 由於個人對自由的追求，只能在機制內部或通過機制的幫助才能相應地實現，對黑格爾來說，「主體間」就又一次擴展為自由的「社會」概念：「自由」單單是主體在機制性實踐的框架內與作為對方的他人相遇，在那個作為對方的他人的目標中，他看到了自己目標實現的條件，而與對方形成一種交互承認關係。「在他人中保有的自我」的形式，因此一直以來就被視為社會機制的關係……[13]

在不同的社會領域（私人關係，市場經濟活動、民主決策），主體必須交互承認，因為他們在那些作為對方的他人中感受到，他人目標的滿足是自己目標實現的條件。「在他人中保有自我」、「把他人

---

[12] Axel Honneth, *Das Recht der Freiheit. Grundriß einer Demokratischen Sittlichkeit*, S. 85.

[13] Axel Honneth, *Das Recht der Freiheit. Grundriß einer Demokratischen Sittlichkeit*, S. 86.

理解爲在自己之中的他人」、「在他人中看到自己」這些表述均是霍耐特用來說明「社會機制不是外在的條件或補充，而是個人自由的內在媒介」[14]。交互承認、相互補充是社會自由的精髓，而有個人主義傾向的「消極自由」雖然有助於形成多元開放的社會，但卻讓意見不同的個體或群體彼此對立、難以溝通。只有以交互承認爲前提，發展出「我們一體感」，與不同意見、文化背景的他人（群體）交換意見，共同協商合作以實現個體自由。

　　不幸的是，當代社會若干的「我們」意識是以負面的方式形成，「我們一體感」是由於感受威脅而被擠壓出來，支持此一意識的情感聯結是恐懼、仇恨、對立，團結的目的是共同對外而不是互相支持並解決內部問題。於是眞正引起社會危機的更重要問題被轉移、掩蓋，而目標明確的所謂敵人被錯誤地當成情緒發洩的出口。

　　良性的「我們一體感」恰好相反，是接納社會中異質的他者，願意視其爲平等對話的夥伴關係，在對立的意見中保持彈性、減少衝突、嘗試合作，將共同生活中出現的問題作爲共同必須承擔的責任，必要時可以妥協、犧牲一己一時的利益，將公眾性義務置於首位。此一「我們一體感」在古典儒家思想中表現爲「天下爲公」的大同理想，當代民主社會本應朝向此一理想目標前進，然而目前卻遭遇了莫大的危機。如何形塑此一公天下的民主倫理，既是霍耐特的理想，也當是儒家思想在當代民主社會繼續保有活力應當努力的方向。

　　肯認「我們」的內在異質性是形塑良性「我們一體感」的關鍵。霍耐特在論及排外的民族主義與國家公民權利的關係時，指出有種矛盾的心理，即社會成員一方面透過交互承認而成爲權利平等的國家公民此一構成公眾意志的「多聲部的我們」（vielstimmigen Wir），但這只是按形式上規定的程序如此，另一方面又會很容易隨時把公民的

---

[14]　Axel Honneth, *Das Recht der Freiheit. Grundriß einer Demokratischen Sittlichkeit*, S. 100.

國家屬性去除，而只從文化或種族的屬性來界定他是否為同一國家的公民。[15]可見單單是法定自由不足以保障公民權利的行使，缺乏交互承認的「我們一體感」，每個公民個體只是抽象地隸屬於國家，缺乏情感與文化聯結的國家認同仍受限於民族國家在種族與文化界定上僵固的同質性基礎，接納異質成員以形塑多元社會的開放性仍然缺乏機制性的保障。如何使「我們一體感」不再侷限於民族文化屬性，而能成功過渡到後民族文化的公民國家，是國家意識建構不易跨過的門檻，跨文化的思維角度是否可以有所突破？

　　除了國家的層次，霍耐特也相當重視家庭，他引涂爾幹之說，把家庭視為國家的第二機構，這點和重視家庭價值的儒家思想特別可以呼應。[16]然而，霍耐特並非只是一味推崇家庭價值，他肯定現代家庭不再建立在等級性的父親權威之上，而是在父母與子女間擁有更為平等的溝通關係。家庭成員及其關係如今已從父權制與僵化的角色模式中解放出來，彼此在原則上都是具有同等權利的人，因而可以在家庭這個社會組織中習練、實踐民主和合作的交往形式。[17]重視傳統家庭價值的儒家思想在民主社會也應當肯定此一民主化的家庭互動形式，承認每個家庭成員都是獨立自主的個體，可以按照個人意願去實現自己的人生目標，並且不再固守著刻板的角色分工任務，而是以更自由更有彈性的方式來共同完成家庭的職能，讓家庭在合作互助、關

---

[15] Axel Honneth, *Das Recht der Freiheit. Grundriß einer Demokratischen Sittlichkeit*, S. 492-493.

[16] 霍耐特指出，由於平均壽命的增長，較發達國家的家庭成員可以彼此相互依賴扶助的時間也隨之拉長，即使社會福利或個人所得足以照顧老年人，但父母們會希望他們的孩子成年後，在自己需要照顧的老年階段可以成為實際照顧他們的「父母」。Axel Honneth, *Das Recht der Freiheit. Grundriß einer Demokratischen Sittlichkeit*, S. 308-310.從霍耐特對歐美發達國家現代家庭的觀察與理解來看，儒家重視的孝道不必然只是東亞文化圈的特殊文化現象，也可以是具有普遍性的社會理想。只是孝道的規範內涵應當予以轉化，它可能還涉及性別平權的實現，以及如何相應地調整為多元開放的親屬關係。

[17] Axel Honneth, *Das Recht der Freiheit. Grundriß einer Demokratischen Sittlichkeit*, S. 314-315.

懷對話的交往中互惠地成爲同情共感的生活共同體。在家庭領域當中，由血緣、親密關係或共同生活所凝合的情感紐帶利於形成「我們一體感」。同時，在家庭中也應當習練民主討論的程序，讓父母與子女除了帶有自然情感的依賴互惠關係，也是平等對話的夥伴。在後傳統家庭與後民族公民國家，「我們一體感」是追求自由、平等必需納入的前提，因此也是「社會自由」得以實現的必要條件。

以上論述「我們一體感」在當代社會的意義，以及霍耐特「社會自由」思想具有的啓發性，接著我們將討論「自然」是否也是思考相關問題的必要線索。藉由王船山對《周易》自然思想的詮釋，我們發現「二氣交感」的思想同時涵蓋社會與自然的範疇，兩者之間彼此滲透互相映照。第三節首先要討論的是，陰陽二氣如何在辯證性的張力中，動態地協同構作「我們一體感」，以銜接呼應霍耐特的相關論述。

三、互為內在他者的「二氣交感」

《周易》中氣的思維貫通了自然現象與人文社會，作爲互爲內在他者的兼體，陰陽二氣[18]象徵構作自然生命的原初物質同時也是人文社會中的角色關係。對於易的「二氣交感」施以現代演繹，可以透顯出某種富啓發性的政治社會意涵，亦即在保留個體性、差異性中，不同的族群文化當如陰陽二氣，相互感通彼此情志凝合成「多聲部的我們」，化身爲「多音複調的主體」。

王船山對《易·同人》的闡釋顯示陰陽如何相應相敵又交互爲

---

[18] 陰陽二氣除了互相內在地包含對方，也共同地構作成道體。船山說：「道以陰陽爲體，陰陽以道爲體，交與爲體，終无有虛懸孤致之道。」〔明〕王夫之：《周易外傳》卷3，頁903。另參第三章第五節「兼體」之氣。

體。[19]他說：「陰陽相敵，則各求其配而无爭。」[20]陰陽兩極之間構成了辯證性的張力，互爲內在他者的敵對性、衝突性既是動力與創造性的來源，也會造成紛爭與裂解的局面，因此，如何「配而无爭」，是〈同人〉卦所要回答的問題。所謂「同人」，即「同於人而人樂與之同也」。[21]陰陽一柔一剛，質性相對，倘若配置不當則易流於爭，如何能無爭而樂呢？陰陽二氣思想是否包含某種衝突協調的機制，讓差異的力量納入公共性運作的空間？

　　根據先秦儒者的大同思想，「同」不是出於私利的結合，而是天下的公心。《易‧同人》曰：「文明以健，中正而應，君子正也。唯君子爲能通天下之志。」如何能夠通同天下的心志呢？君子中正之公心，才能感通天下。船山說：「君子之同，同於道也。同於道，則『能通天下之志』，而天下同之。小人之所以同天下者，苟以從人之欲，而利於此者傷於彼，合於前者離於後，自以爲利而非利也。」[22]當代社會不論是公民身分的權利主體或在市場經濟中的生產者、勞動者、消費者，無疑只以利合，所以總有「利此傷彼」的狀況，要「各求其配而无爭」便不能只訴諸於個己的私利與權利，而要能協同彼我，成爲互惠互助的共同體，沒有通同之利只有自保之利，只會

19　「相敵」是指對應的兩爻陰陽相同，如〈同人〉初九／九四、九三／上九，〈同人〉中的六二／九五是陰陽相反，這叫「應」。船山此處可能是指除了六二／九五相應，其他下卦與上卦的內外相對應的兩爻都是陽爻，它們呈現相敵的關係。而六二以陰爻居陰位，與九五的陽爻應。船山認爲「凡卦之體，以少者爲主」（《周易內傳》，頁155），便是指六二的陰爻，而它與九五陽爻相應，「柔而得應，無離群孤立之心，而其他五陽爭欲同之。」就爻位來說，六二居下卦之中，屬於「柔中」，在陰爻中最好；九五居上卦之中，屬於「剛中」，在陽爻中最好。關於陰陽的敵應關係及其爻位，請參李零：《死生有命，富貴在天：《周易》的自然哲學》（香港：生活‧讀書‧新知三聯書店，2013年），頁276、350。

20　〔明〕王夫之，《周易外傳》卷3，頁859。

21　〔明〕王夫之，《周易內傳》卷2上，頁155。

22　〔明〕王夫之，《周易內傳》卷2上，頁157。

「合於前、離於後」，本來自以爲得利者，最後只會在互相損耗中無利可得。現代商業社會讓計算理性大行其道，政治生活被經濟利益纏縛捆綁，原子式的自利個體、以私利結合的政商群體，壓迫著孱弱的公共理性，「同於道」、「感通天下」的政治空間無以開拓。

　　「同人」卦是離下乾上（☰）只有一陰爻，餘皆陽爻，若從資源配置角度來說很難無爭，但〈象〉曰：「同人柔，得位，得中而應乎乾，曰同人。」唯一的陰爻居乎中正之位，象徵君子以虛懷之心，摒除個人私利，所以能應乾剛，船山說：「以理與物相順，得人心之同然而合乎天理，斯爲大同之德，而非苟同也。」[23]「同人」是以一柔遇眾剛，船山認爲本是爭戰之府，但「柔者，剛之所安，眾陽亦欲同於一陰。」[24]若各爭私利，則眾剛必爭，但若君子以柔濟剛，則人樂得而與同。就如此卦象「火在天中」，是以天內蘊的至虛含藏大明之火，君子之德同於天道，所以於人之貴賤、親疏、賢愚，物之美惡、順逆、取捨，皆以其昭明之智類辨情理，於是「天下無不可受，而無容異矣」。[25]船山又以君子之交來說明，「近不必比，遠不必乖」[26]，不以親疏遠近之私情障蔽通天下之志，隨後以堯與周道爲例，說明君子之道如何能施及百姓黎民、懷柔萬邦。[27]

　　〈同人〉中的君子之道，在船山的闡釋中或指君主統治之道。天下的統治者是君主，統治者與百姓黎民的關係仍有上下位階之分。儒家以君子之道爲軸心所展開的大同之治，若要過渡到當代民主社會的語境，那麼統治者與被統治者的上／下、主動／被動的階序互動關係要重構轉化爲生活方式的區分，亦即：「君子與小人之道的區分，不是統治者與被統治者上下階層的等級之別，而是生活方式正確與否的

---

[23] 〔明〕王夫之，《周易內傳》卷2上，頁156。

[24] 〔明〕王夫之，《周易內傳》卷2上，頁155。

[25] 〔明〕王夫之，《周易內傳》卷2上，頁157。

[26] 〔明〕王夫之，《周易內傳》卷2上，頁158。

[27] 〔明〕王夫之，《周易內傳》卷2上，頁158-9。

區分。」倘若如此,「外王」便不是以作為統治者的聖王為核心,由個人內在的精神修養向外層層推擴開來的個人生命歷史,而是每個公民在社會中的共同職分與政治實踐。[28]「二氣交感」主體指向的是能通天下之志的大同社會理想,天下情志之通在古代繫於聖王的德治,在當代應重構為社會共同體的交互承認關係,並且將此一「我之中的我們」貫串在天地一體之仁的自然─社會共通體之中。[29]君子正確的生活之道、理想的自我關係,應當包含自我與他人的同人之樂,以及人類與自然萬物的感通之情。

　　由聖王德治轉化為公民政治實踐並非太過牽強,因為在船山易學中的君子不是特指統治者與聖王,更多是從「學易者」的角度而言的君子。「學易者」觀聖人所畫之卦及所繫的爻辭,體會自然運行之道與聖人參天地化育之意,由此以見聖人之意、以盡易道之理。船山說:「六十四卦,天道、人事、物理備矣,可因是以極其賾也。」[30]古代聖王固然是學易的君子要模擬參會的楷模,但是並不需要自居統治之位,才能見聖人之意。聖人之意即含藏在六十四卦中所演繹的歷

28　當代新儒學第一代宗師熊十力即承儒家萬物一體之仁說此天下與吾體之共在關聯,此義已將統治者與被統治者之間的關係轉化為仁者與萬物通體為仁之交感共在之道,君子的生活之道即是理想政治的同步展開,於是即內聖而外王。他說:「天下皆吾同體,故不以我宰天下,亦不見有天下待吾之治。吾與天下休戚相關,若痛癢之在一身。百骸五臟,無麻木不相喻者。」熊十力:《讀經示要》(臺北:明文書局,1987年),頁34。

29　再以熊十力為例,他認為〈禮運〉所載之儒家大同理想追求全人類一切自由、平等,人人各以己所欲,度他所欲。自遂而無損他。由親親之愛擴充至仁民愛物,利用小家庭與小限度之私有制,而導之於社會公同生活之中,使之化私為公,漸破除種族與國家界限,使全人類相親如一體。熊十力並引船山之說,以天德王道總括六經。認為六經浩博,其歸則仁。《易》明萬化之宗,而《虞氏易傳》曰:『乾為仁』則保留了古義。」熊十力:《讀經示要》,頁34、110-118。從〈禮運〉、王船山到熊十力,萬物一體之仁是理想社會實現的價值基礎,這當是古今儒者最重要的共識之一。熊十力本擬斟酌〈禮運〉之義以為法制,可惜最終未能成就此一偉業。時至今日,儒家一體之仁的當代重構或許更為迫切且又有現實意義。

30　〔明〕王夫之:《周易內傳》卷5上,頁570。

史運會、社會人倫與自然法則，學易者所觀所學無非是此中所涉及的人的自我理解、自他關係，並據此一恰當理解所展開的政治實踐與普愛萬物之舉措。

《易·繫辭上》：「易，无思也，无爲也，寂然不動，感而遂通天下之故。非天下之至神，其孰能與於此！」《周易》所言即是自然變化無思無爲但又神妙變化之道，船山認爲此處之「感」，是學易者「以心遇之」。學易的君子，是以至誠之心通自然變化之道，所以「隨感必通，非智計之所能測」。君子不是以有思有爲的智測來謀求變化之道，而是以至誠之心感遇不測之神。《易·繫辭上》接著說：「夫易，聖人之所以極深而研幾也。」船山說，此處所謂的「深」，即「精之藏」，「幾」即「變之微」。聖人能以至誠之心感通奧藏之精氣、幾變之微，所以能應合天地之神，「而無深不至，無幾不察矣。故於易著之，以待天下之感，而予之以通。」[31]從天地到聖人到君子，一是皆以無心無思之感，以通神化不可測之幾微。船山並引周敦頤「誠幾神」之說，認爲「誠則幾，誠之幾則神也。」天道即是誠道，不僅周敦頤，包含船山所景仰的張載也是如此，貫通《易》、《中庸》的神妙之幾與至誠之道，這是天道、人事、物理一以貫通之道。所以天下雖至雜，人事雖至繁，物理雖至密，無不以易簡之道，即誠心感通之道相遇會，而非智測得失之利以謀求。[32]

自然變化之妙有不可見者，這是「形而上者謂之道」；但凡妙用變化必有可形可見者，這是「形而下者謂之器」。「形而上」、

---

[31] 以上皆是船山對於《易·繫辭上》這三句話的闡釋：「易，无思也，无為也，寂然不動，感而遂通天下之故。非天下之至神，其孰能與於此！夫易，聖人之所以極深而研幾也。」詳見〔明〕王夫之：《周易內傳》卷5上，頁554-555。

[32] 在張載與船山，心氣神是形而上、形而下貫通為一，道器不離、心氣合一。這一點牟宗三不能認同，他的看法受二程影響頗深，二程（包含後來的朱熹亦然）都對張載氣學有意見，認為是混淆了道器的層次。牟宗三說：「心與神決不可一條鞭地視為氣，天心本心不是氣，誠體之神不是氣。」見牟宗三，《心體與性體》第2冊（臺北：正中書局，1986），頁19。

「形而下」對船山來說是二氣變化「隱而未見」與「形之已成」的分別，道器之分是隱顯之別。[33]「形而上」是二氣變化隱而未顯的神妙作用；「形而下」是二氣變化之良能形諸可循可見之成效。自然變化有其形而上不可踰之天則，它也是聖人作易之意，「學易者」便是從可形可見之卦象爻辭來體會聖人通天下之志。

四、「通天下之志」的君子

在儒學語彙中的「君子」可以在當代民主社會的語境中加以轉化，君子與小人之別首先不是階級之別，也不必然是菁英與俗眾之別，而是主體生活方式的差異，亦即在追求個人幸福與自我實現時，能同時也對他人、社會與自然關懷的道德存在，因此有別於封限於一己私利、私情的利己個體。民主社會的「君子」因此不僅不是擁有壟斷性的政治經濟利益的個人、黨派或階級，而是每一個作為公民的社會成員，既是獨立自主的個體，也願意與社會中其他成員成為平等對話的夥伴關係，而且與他們在民主決策的機制中合作協商、共同發展，與此同時也在生產、消費與生活的各個層面致力於自然生態的永續發展。現代意義的君子，因而首先是具有批判性反思的自主個體，因此是獨立自主的；再者，能夠與社會成員平等對話、相互關懷，投入公共參與，留心社會正義；最後，追求人類與其他物種及生態環境的共存共榮。

易的思維是以自然為規範性標準來衡定社會理想的實現，天地陰陽之二氣交感與政治社會的治理關係密切。倘若「社會自由」是在他人中保有自我，在互相承認的社會機制中實現自由，那麼在易學中

33　船山說：「道與器不相離，故卦也、辭也、象也，皆書之所著也，器也；變通以成象辭者，道也。民用，器也；鼓舞以興事業者，道也，聖人之意所藏也。合道、器而盡上下之理，則聖人之意可見矣。」〔明〕王夫之：《周易內傳》卷5上，頁568。

「二氣交感」的主體又將此一互相承認的關係延伸向自然。向天地與
聖人學習的君子，他的感觸不僅通及於社會中的他人，也要通及於人
類以外的天地萬物。如〈咸〉卦〈彖〉所說：「天地感而萬物生，聖
人感人心而天下和平。觀其所感，而天地萬物之情可見矣。」王船山
的疏釋如下：

> 聖人觸物而應，仁義沛然，若決江河，深求之者固感之
> 以深，淺求之者即感以淺，從其所欲，終不踰矩，天下
> 乃以不疑聖人之難從，而和平旋效，則在天地聖人<u>無心</u>
> <u>以感而自正</u>。〈咸〉之為道，固神化之極致也。[34]

聖人並不是高高在上與天下百姓隔閡無感的孤絕存在，而是效法
天地「無心」以感應變化。於是深求之者感之以深、淺求之者感之以
淺，隨其深淺之別而交感應化。「二氣交感」的主體可以理解為向天
地與聖人學習的覺受主體，在政治社會與個人生活中有觸必通，天
地萬物之情俱在其覺受感應之中。作為陰陽二氣交感的主體，內在多
元地涵攝自然與社會中的萬物與他人，交感主體在二氣屈伸不已中
不倦不厭，成為與萬物共感同在的「複數主體」。個體之所以能即是
他人，不是將他人視為我之外的他人，而是「我之中的我們」，倘
若心氣無所不感、無所不通，便是以虛懷之心通天下情志的君子。
〈象〉曰：「山上有澤，咸，君子以虛受人。」船山則說：「君子
德厚於己，而受人以虛，則天下無感而不通矣。」[35]君子雖然內在剛
健有德，然而外在卻柔順待人以虛，此即交感主體在陰陽二體互用
中與天下萬物感應互通。[36]但是船山並不認同老莊純然以虛體為主

---

[34]　〔明〕王夫之：《周易內傳》卷3上，頁277。

[35]　〔明〕王夫之：《周易內傳》卷3上，頁278。

[36]　另參「初六，咸其拇」船山曰：「天地萬物之情，感於外則必動於內，故不感則已，一感則

體，而是善用陰陽虛實之道交相爲體，他在《周易大象解‧咸》表示：「山上有澤，山乃竅虛。澤虛山實，虛實相容，所爲相受也。虛者，君子所以受人也。君子於己皆實，受物則虛，善用虛實矣。若宅心皆虛，不盡其實，則是不誠無物，惡足以受下天哉！老莊之詭於易也以此。」[37]於此可見船山雖吸收老莊之學，但仍本於儒者之信實與眞誠，反對老莊全然以虛應世，錯解誤用了易道。

「二氣交感」中的「感」和儒家傳統所重視的祖先崇拜與孝慈之道，也有深厚的關係，船山說：「故溯乎父而天下之陽盡此，溯乎母而天下之陰盡此。父母之陰陽有定質，而性情俱不容已於感以生，則天下之大始盡此矣。由身以上，父、祖，高、曾，以及乎綿邈不可知之祖，而皆感之以爲始，由身以下，子、孫、曾、玄，以及乎綿邈不可知之裔，而皆感之以爲始。故感者終始之无窮，而要居其最始者也。」[38]個人之身皆以陰陽交感生化爲始，上可溯乎父母及其遠不可知之先輩高祖，下可迨及綿延無盡之後裔，因此說「天下之大始盡此矣」，即是盛讚「感」之功德。

「感」在〈咸〉雖是無心之感，彷彿只是缺乏自主性、反思性的自然現象，但其實卻連通根源性的存在生理，是最可敬的神化之道。所以說〈咸〉之道是「神化之極致」。對船山而言，二氣的交感通於能思的心與無心之神，貫通形而下之器與形而上之道，既是社會倫理的規範依據也是自然天地的運作法則。船山且說：「是故以我爲子而乃有父，以我爲臣而乃有君，以我爲己而乃有人，以我爲人而乃有物，則亦以我爲人而乃有天地。器道相須而大成焉。未生以前，既死以後，則其未成而已不成者也。故形色與道，互相爲體，而未有離

無有能靜者。故君子慎其所感於利害情僞之交，恐一觸而不能自持也。」〔明〕王夫之：《周易外傳》卷3，頁903。

[37]　〔明〕王夫之，《周易大象解》，頁716。

[38]　〔明〕王夫之，《周易大象解》，頁903-4。

矣。是何也？以其成也。故因其已成，觀其大備，斷然近取而見爲吾身，豈有妄哉！」[39]「我」並非孤立的個體，而是在自然社會的交感關係中的存在，既是社會網絡中的君臣父子，也是天地自然之子。未生爲人以前與既生而後，都是二氣相續交感的終始循環，吾身即是道體，道體即在吾身之形色之中，未嘗有分。社會若是角色之間交互承認的關係，在船山看來人倫規範（人道）也同時不離於自然（形色），隱而未見的天道之則必有待於有形可見的形色之身方能落實，這是即用見體的道體觀，船山思想確如牟宗三所言，特別能夠表現具體的普遍性。

　　然而，牟宗三不會承認無心之感的氣具有創造性，他把具有創生覺潤的道體歸給即存有即活動的「心體」，或是「性體」、「仁體」、「誠體」、「道體」、「神體」、「寂感眞幾」、「精神實體」。他說：

> 此實體亦得總名曰天理或理（categorical reason）。此理是既超越又內在的動態的生化之理、存在之理、或實現之理。自其爲創造之根源或是一（monistic），自其散著於萬事萬物而貞定之説則是多（pluralistic）。自其爲一言，是動態的理（活理；active reason）；自其爲多言，是靜態的理。自其爲動態的理言，它既是本體論的存有（ontological being），又是宇宙論的活動（cosmological activity）。總之，是「即存有即活動」的這「本體宇宙論的實體」（onto-cosmological reality）。[40]

39　〔明〕王夫之：《周易大象解》，收錄於《船山全書》第1冊，頁905。
40　牟宗三：《心體與性體》第2冊，頁18。

　　把牟宗三這段精闢的文字用來說明王船山「二氣交感主體」可說再適合不過，但是卻絕不會爲他所接受。對牟宗三來說，氣只是形而下的，不能與形而上的創造實體混淆。但對船山來說，形而上的道體不離於形而下的形器，這點牟宗三雖認同，但不能同意的是心氣交融爲一而失去超越的分解所要確立的形上道體的獨立性，那只能是不帶有經驗性質的「精神實體」，而它優於、高於具有物質性的、帶有駁雜氣質的原始自然生命。船山所說「形色與道，互相爲體」這樣的句子恐會被牟宗三視爲混淪不清的話頭。我們細讀上段引文也會發現，創造的根源的「一」貞定散爲萬物的「多」，「多」隸屬於「一」。由此我們也更能理解牟宗三之所以說王船山和黑格爾只是好的歷史哲學家而非好的哲學家之故，[41]因爲對他來說，具體的解悟不能取消超越的分解，形而上／形而下、心體／身體、理性／生命具有高下階序的二分性不可解除，政治、社會、歷史的存在只是理性「間接」、「曲折」的展開歷程，不能就是創造性自身的動態實現。對船山來說，陰陽二氣與所化生的萬物之「多」均是道體的作用，道體並非一單純的實體，它就在「多」之中顯其作用，外此別無一孤懸的道體。

　　霍耐特回到黑格爾，追求一個廣泛互助的自由文化，他同時重視多元社會的公眾性、異質性，沒有接受以「一」化「異」的黑格爾實體形上學，反而讓「一」、「異」之間有張力的互動關係成爲社會自由的實現條件。本章重探王船山的氣學與易學，試圖發掘「二氣交感」思想的當代潛能，重探自然與自由的關係。此一重探與重構氣學中的「一」、「異」關係，也希望爲當代儒學在牟宗三之後的「新外王」工作提供一點參考。

---

[41] 牟宗三：《生命的學問》，頁170。

第五章

氣化美學與文化轉化

一、前言

　　朱利安（François Jullien）在他的著作《勢──中國的效力觀》當中讚揚「勢」的邏輯。就歷史的起源來看，不論是兵家或法家對「勢」的操作運用都是為集權統治而服務，作為操控邏輯的「勢」，的確在權力的取得、擴張與資源的有效運用上展現績效。倘若歷史的追溯不可免於當代的視角，朱利安對中國古代思想的詮釋所透露的當代意涵為何？倘若「勢」的邏輯有利於集權統治以及對於個體自由的壓迫，在當代社會如何面對與自由平等的生活方式相衝突的「勢」？如何歷史地思考與批判「勢」的邏輯？其實在朱利安討論「勢」的著作當中，我們發現其中也隱涵著「淡」的思維，它具有消解「勢」往控制、壓迫傾斜的作用，可以鬆動、打開某種自由往返的空間，讓人、物閒遊交會。再者，在「淡」、「勢」乃至「之間」，[1]有個未被顯題化的概念是「氣」，它該當可以貫串勾連朱利安關於中國美學思想相關討論的概念。然而，「氣」和「勢」、「淡」的關係為何？如何區分？「氣」與「勢」的關係朱利安雖未明說，但在美學、政治與歷史等不同的領域也應當分別有不同的脈絡可以探究。朱利安曾引〈畫論〉所言：「總之統乎氣以成其活動之趣

---

[1]　朱利安（François Jullien），譯名也作余蓮或于連，法國當代兼治漢學、哲學的著名學者，本章採用他近年較希望採用的譯名朱利安。關於朱利安論「淡」與「勢」的思考主要參見氏著，卓立譯：《淡之頌：論中國思想與美學》（臺北：桂冠圖書，2006年）；卓立譯：《勢──中國的效力觀》（北京：北京大學出版社，2009年）。另一本延續討論《勢──中國的效力觀》中相同主題的著作則是林志明譯：《功效論：在中國與西方思維之間》（臺北：五南圖書出版股份有限公司，2011年）。關於「之間」則有近期卓立、林志明譯：《間距與之間：論中國與歐洲思想之間的哲學策略》（以下簡稱《間距與之間》）（臺北：五南圖書出版股份有限公司，2013年）。

者，是即所謂勢也。」[2]這表示至少在美學的範圍中，「勢」被朱利安理解成氣的內在趣向，而此一趣向則指向了有效力的和諧布置。

　　本章有意將朱利安所頌揚的「勢」和「淡」刻畫成思想光譜中往對立的效應發展的思維作用。「勢」本來就是源自法家與兵家的概念，它務實地講究實效、控制，有利於統治和軍事的擴張，而且具有壓迫個體自由的本質。黃老的氣學與法家的「勢」、「術」成功地結合，成為中國集權統治的思想核心。朱利安對「勢」的解讀，可以說是中國古代黃老統治術的當代漢學哲學的新版。弔詭的是，朱利安在藉由「勢」分析詩書畫的美學思想時，我們也看到了「淡」的思想痕跡，兩者幾乎很難區分；同時，「勢」在論及兵法、政治、歷史時，又超出了「淡」的論域。若是認為朱利安在討論中國思想時有某種整體性的看法，那麼「勢」和「淡」既衝突、重疊卻又不一致的狀況如何理解？「勢」強調統一性、連續性，以和諧為目的，取消了使個體自由可能的差異性力量；「淡」雖然也指向脈絡的連續性，但是仍然容許偶然性的介入，保有美學轉化的開放性資源。

　　朱利安對古代中國思想的詮釋所包含的內在張力，或許可以從「氣」的思路重新切入，並且獲得一種新的理解方式。倘若以「氣」來處理「勢」和「淡」之間的張力構成關係，另類的自由遊戲的「氣」的美學政治構想藍圖也可望由此浮現，它有別於朱利安以「勢」作為主導且為統治者的操控服務的美學政治。由於朱利安表示，他對「勢」的分析延續了之前的著作《過程或創造》（*Procès ou creation*）的想法，[3]而該書主要的研究對象是王船山的《張子正

蒙注》。我們也因此特別留意船山氣學此一線索在「氣的美學政治論」當中可以扮演的角色爲何，並且藉此思考美學的文化轉化、文化批判如何可能。爲了說明美學的文化轉化，也將同時引介當代德國學者孟柯（Christoph Menke）對尼采美學政治論的詮釋，[4]並與氣化美學（包含莊子與王船山）對話，讓我們有機會在「淡」、「勢」兩種運作機制之間取捨遊走，希望能在此一美學轉化的設想中，找到某種既入乎其內，又能閒遊在外（within and without）的主體施行方式。氣化美學政治的文化更新，不指向一和諧的、有效的整合機制，而是指出，轉化的動力來源是力量內在抵抗的不可解消性，它通向自由，這是美學化的政治重要的基礎與旨趣。在氣化美學的構想中，我們也將朱利安「勢」的美學政治論，透過被隱匿的「淡」的痕跡，試圖重新引發自由遊戲的可能性。

二、「勢」與「淡」

　　「勢」的論述基點，首先是兵法與政治上的操縱邏輯，其次才衍生了美學的與歷史的。政治、軍事、美學、歷史對朱利安來說，都不再受超越的規範或道德的原則所支配，而只服從力量內在的邏輯。朱

個漢學家對「勢」該如何翻譯的問題，包括了白樂日（Etienne Balazs）、衛爾赫勒（Ernst Joachim Vierheller）與畢來德（Jean-François Billeter），後兩位漢學家的著作都與王船山有關。朱利安總結幾位漢學家的看法，主張「勢」應當超越動靜的二元對立，保有既是變化的進程又是結構的狀況的雙義性，此一看法與畢來德之見相當接近。朱利安：《勢——中國的效力觀》，頁150。

[4] Christoph Menke, *Kraft. Ein Grundbegriff Ästhetischer Antropologie.*何乏筆已在他的文章中引述了孟柯的思想來討論莊子氣的哲學，參見何乏筆：〈氣化主體與民主政治：關於《莊子》跨文化潛力的思想實驗〉，《中國文哲研究通訊》第22卷第4期，2012年9月，頁41-73。何乏筆較早一篇論朱利安的莊子研究參見何乏筆：〈養生的生命政治：由于連莊子研究談起〉，《中國文哲研究通訊》第18卷第4期，2008年12月，頁115-138。

利安對「勢」的分析，清楚準確地揭示了統治的操控技術，戰國以降逐漸成熟的氣的政治學，為何是極權統治的最佳利器，有了更明晰的圖像。「控制」因而不再只是從外部的、後來的、可見的，強勢的侵略、強暴、佔領、剝削，而可以是內部的、在先的、不可見的，不著痕跡的滲透、融入、互相監控，稍有風吹草動便能熄滅叛亂因子的恐怖統治。朱利安認為，韓非子作為威權主義的護衛者、極權主義的發明者，構想了一套方法讓君主透過「術」來操控資訊，將自己提升為洞察的機器，不費力地徹底施展權力，這個方法比邊沁（Jeremy Bentham）的環形監獄還要精良。君王靠著權位，享有絕對充足的功效，能夠讓治理成為自動機制，使得「天下弗能敵」、「天下弗能欺」，而且天下「皆為其視聽」。（《韓非子》第14章），朱利安接著說：

> 如此一來，稍有一點叛亂也立刻受到揭發，因此也不必利用武力來鎮壓它們。統治的藝術，其根柢乃在於使他們奔向我們的位置；不是自己瞎忙，而是要使得他人被引領為自己作事。[5]

黃老氣學的政治統治術，不僅在戰國與秦漢之際的法家得到初步的發展，更在後繼儒法匯流中愈趨成熟，二千多年來的帝王專制讓這套統治機制成為由內到外、從上到下牢不可破的機制。在《勢——中國的效力觀》一書，朱利安大量引用王船山的《讀通鑑論》和《宋論》，可是竟然無一語提及船山對專制集權政治的批判，甚至運用王船山的「理勢論」來總結中國的政治、歷史觀：

---

[5] 朱利安：《功效論：在中國與西方思維之間》，頁54。

中國人不認為革命能使歷史的發展更具有活力，他們總
要使權力與正統性緊密地結合，只在一個持續進展並且
以傳遞的方式建構的框架裡使潛能觀念化，他們強調永
不停止的「轉換傳遞」（transition），使任何干涉或斷裂
降到最低限度。任何對立形式，如果要有機會重新肯定
自己，必須在衝突關係裡避免能力消耗殆盡，它必須扮
演著置換與更新的要素之角色，應和一種恆常交替的邏
輯而成功地接替前者。[6]

於是我們在這本書的最後看到朱利安這麼作出結論：「順應變化就夠
了，變化總能調節，促進和諧。」[7]然而，王船山反對一姓之私的家
天下，主張天下為公，且認為君權「可繼、可禪、可革」，並且提出
以「君、相、諫官」三者「環相為治」來限制君權，他又深恨「申
韓之酷政」，認為是「文飾儒術，而重毒天下也。」[8]這些都是王船
山最重要的政治、歷史思想，但是朱利安均不措意。若是只讀他對
「勢」的分析，讀者甚至會誤以為王船山的「理勢論」是黃老氣學
的再發展，而且可以支持韓非的集權統治思想，反對革命、提倡順
服、適應，強調和諧，反對多元性的思想。更令人憂心的是，衡諸當
下時局，尤其近年來在民族主義的推波助瀾下，文化的同一性又再度
被推向強固化的趨勢，「中國文化」和「自由民主」之間的文化轉
譯恐怕愈發顯得困難重重。在民主仍然遭受種種挑戰挫敗的當代社
會，朱利安若仍闡揚「勢」的操控邏輯與中國思想的關係，豈不更令
人感到絕望？

---

[6]　朱利安：《勢——中國的效力觀》，頁215-216。

[7]　朱利安：《勢——中國的效力觀》，頁235。

[8]　關於王船山的政治思想可參見蕭萐父、許蘇民精要的評述，見氏著：《王夫之評傳》（南
　　京：南京大學出版社，2011年），頁380-458。

　　雖然在《勢——中國的效力觀》的思想傾向令人憂慮，但是在甫譯成中文的《間距與之間》，朱利安則明白主張文化的複數性。他認爲應當跳脫種族中心論來看待文化主體性的問題，換言之，多元化才是文化的本質，同一性的文化不僅不利於自身文化的開展（朱利安表示，單數的文化就是死的文化），也阻礙不同文化的彼此理解對話。[9]中國思想本來就不是單一、同一的文化單元，而是內含差異、競爭的多元力量。問題是，朱利安對中國思想的詮釋是否僅止於在表面上承認差異、多元、斷裂的必要，還是眞的能在理論上提供充分的說明？「和諧」與「斷裂」、「一」與「異」的關係如何？在此我們要進一步追問的是，倘若「勢」是有效能的控制力量，那麼在「勢」之內所含的「力」，是通向根源性和諧的一元之力？還是渾然雜異多元拮抗的力？抑或是兩股交迭爲用、既一且多的力與力的關係？作爲回歸或導向根源性的和諧之手段的「勢」，在本質上是暴力的還是寬容的？是容許差異多元的平等對話，還是逐步排除異己以追求同一的秩序？掌握「勢」以遂行控制的目的爲何？又是爲誰服務？

　　對朱利安而言，「勢」是關乎現實上成敗的關鍵，不只是政治、軍事、歷史如此，藝術亦然。朱利安分析了詩、書法、繪畫、小說中的「布置趨向」，他認爲「勢」擔負了「內在統一協調」的功能，並且使得筆勢、文勢呈現爲具有脈動與節奏的流動狀態。因此，「勢」可以理解爲「具有作用效力的布置」、「對立但和諧有機的活力作用」，此一有效力的布置與自我更新的活力作用之所以可

9　朱利安：《間距與之間》，頁141-143。另外，值得注意的是《間距與之間》還收錄了朱利安2008年在北京的一個講稿，簡要的表達了他對人權問題的看法。他主要的觀點是，西方的人權是特定歷史與意識型態的產物，而且是脫離了人與自然宇宙的聯繫所出現的抽象的、單子式的個體，因此不適合以西方自認的普世人權價值來強加中國之上。同時，他又主張雖然不能以「正面的」方式要求人權，但可以用「反面的」方式在受到壓迫時，承認個體有說不的至高無上的絕對權利。朱利安：《間距與之間》，頁153-155。

能，源自於「勢」的構成是靠「兩極之間交替振動」、「兩個構成要素之間創造相吸但相斥的張力」、「用不斷的變化來更新本身的力量」[10]。引人注意的是，朱利安還說：「任何的『統一性』都是『致命的』。」[11]但這恐怕只是表面的修辭，雖然朱利安會承認連續和斷裂對於「勢」都是必要的，但是我們可以看到他仍然處處強調力量之間的和諧、聯繫、共鳴，對比的張力是爲了創造有節奏的流動。總之，力量必須得到有效力的整合作用，這才是「勢」的思想基調。

　　在分析山水畫時，朱利安認爲：「勢非但存在可見的與不可見的界限上，它也存在決定畫作成敗那個隱祕的關鍵上。」[12]他認爲畫作有整體結構上的統一性、不可見的和諧。畫作各元素之間的組合關係是按照「整體性邏輯」運作的，接著又說：

　　　　其中所有的要素互相交替並且不斷變化，它們因此得以持續地相輔相成。儘管小橋茅屋、閣樓亭臺、渡舟馬車、人物房舍等等，時而出現、時而消失，它們都應該從一開始就順著整體的布置秩序，出現在畫面上。否則，它們會隨便出現而彼此毫不相干。最後，畫非有勢

---

[10] 朱利安的這些說法很明顯的都有著易學思想的背景，他在論王船山歷史哲學的部分也特別提請讀者參考《易經》。王船山認為「勢有所不得不遷革」，許多劇變都是「勢所必激」。朱利安說：「中國思想特別注意緩慢而漸進的變化，將歷史事件融入歷史的長河裡，因為不論歷史的發展過程是多麼地突兀驚人，其結局總是開始時那個不明顯的趨勢之必然結果。」朱利安：《勢——中國的效力觀》，頁159。朱利安根據此一觀點進一步推論：「只需要『細察』勢的現象（『精極理勢』），就可以明白那些表面的干擾和斷裂會重新被歷史的流程吸納了。如此一來，危機與暴風雨也是『合理的』（logiques）。」（同上，頁204）由此可知，對朱利安來說，斷裂仍會被「勢」的連續性所吸納，連續可以統合斷裂，斷裂只是暫時性的、功能性的。

[11] 利安：《勢——中國的效力觀》，頁130。

[12] 利安：《勢——中國的效力觀》，頁81。

不可，正如繪畫的整體結構必須具有統一性，才會生動
感人。畫作若缺乏統一性，看起來不過是「東補西修」
的東西。有了勢，觀畫者可以一眼看盡整幅畫，就像
「一氣呵成」；觀畫者亦可「細嚼慢嚥」畫作裡所有的
細節，品嘗其中眼不能見的和諧。[13]

在這段說明當中，不斷被強調的是，不可見且先行的整體與和諧，凌
駕了可見的細節與個別事物的差異之上。要是沒有「勢」作為「整
體性邏輯」，那些時而出現、時而消失的個物都成了散亂不相干的雜
物。換句話說，在「勢」的邏輯中，偶然性成了敗壞畫作整體和諧的
因素，在作畫時，形式上的整體性是引領的原則，為了避免「東補西
修」，各個物件及組合關係都不能「隨便出現」，而要經得起形式
上取得整體和諧效果的嚴格檢驗，以留待觀者看畫時能有「一氣呵
成」之感，並可「細嚼慢嚥」。不得不讓人擔憂的是，此一「勢」的
美學分析是否也理當為政治而服務？朱利安在接下來的分析當中表
示，山的轉折起伏要與全景「相通」，整幅畫的布局要有一個主峰來
「主導」，而且群峰「拱揖」，好像前來「朝拜」。他引用畫論所說
「諸凡一草一木具有勢存乎其間」，無所不在的「勢」，彷彿君王統
領一切。[14]

　　為了取得成功（不論是政治的或美學的），「勢」的布局是為
了佔得機先，以便獲致關鍵的優勢性力量。所有分殊的個物及其力
量，都必須在「整體性邏輯」的安排下被調節、形塑、優化，定向於
操縱控制的力量整合機制。那麼，「勢」的力量整合如何可能呢？朱
利安認為，力量的最佳實現狀態是和諧的，它也是萬物存在的生命力
的源頭，下面這段話似乎表示，「勢」向「氣」汲取它的根源性和諧

---

[13]　朱利安：《勢——中國的效力觀》，頁80。

[14]　朱利安：《勢——中國的效力觀》，頁81。

的力量：

> ……與生俱來的生命氣息（souffle vital），能賦予萬物以
> 生命力；它循環不已，時而凝聚，它就在現實的源頭，
> 在一切現實的源頭。當它循環流轉時，便製造出各式各
> 樣的存有，當它凝聚時，便給現實以實體。……生命氣
> 息最集中、最強烈之處，便是最佳美之地。各種氣息循
> 環最稠密之處，其間的交流就是最深刻的。原先埋藏於
> 其內的力量，通過日漸豐富多樣的各種形式，便越來越
> 彰顯；從種種要素會合之後而產生的最和諧的力量，
> 我們隱約捕捉到那不可見的調節。此時「神」會更「清
> 醒」，因其飽滿敏捷。[15]

「勢」作為力量高效能的表現，展現為一元的、和諧的、強烈的凝聚
性是可以理解的，但這是否是「氣」、「神」唯一的，乃至「最佳
美的」表現方式？是否可能將「氣」視為一種可兩頭通向「淡」、
「勢」之間的力量運作關係？在「淡」的這頭不是飽滿敏捷，而是鬆
弛緩慢；不是和諧力量的調節，而是尚未定向的、未決定的開放可能
性。

　　在《淡之頌──論中國思想與美學》中，朱利安分析了平淡的音
樂表現形式，可聽可感的樂音是為了召喚、引領我們留駐於覺受的邊
界地帶，主體於是逐漸擺脫宰制性的感知經驗，並且啟動更精微的覺
受能力。逐漸淡遠的聲音在行將消逝的感知邊際，讓事物獲得自行展
開的契機與能力。「無聲之聲」被視為樂之體、樂之本，因為它通向
事物生成的根源，聲音的可感性質瀰漫著穿透性的力量，它是隱而不

---

[15] 朱利安：《勢──國的效力觀》，頁72-73。

顯、自我生成的「宇宙之氣」。[16]被形式化的音樂作品及可聽可辨的音響結構，都源自於尚未被固定化、形式化的「無聲之聲」或「宇宙之氣」。[17]平淡不是匱乏與無力，在無法被定型化的稀微樣態中，最精緻微妙的感受能力才得以流轉運行，此時感受的被動狀態被解除，特殊的可感事物被超越，但未被拋棄。平淡的美學經驗遊走於物質性的邊緣，覺受的品質也在此一界限內外的淡出與融入之際獲得轉化。

　　相較於西方的柏拉圖主義美學思想[18]，朱利安認為中國古代音樂美學，並不主張音樂的本質超然於我們生存世界之上或之外，平淡雖然通向音樂的本質，但並不企向超越的世界，或追尋現象背後的本體。朱利安說：「平淡不帶我們去尋找另一個意義，不去探求一個隱藏的祕密，而是將我們從意義辨別的特性裡釋放出來，不受任何特殊的強烈的味道束縛。」[19]平淡並不帶領我們超越此世，而是讓我們得以擺脫固著在自我意識中的感受模式，聆聽覺受萬有在自我生成中的內在迴響。平淡美學不追求超越界限，而是居間於界限中釋放其生

16　除了樂音之外，在《古畫品錄》裡謝赫六法中的「氣韻生動」也被朱利安看成是某種生命品質或宇宙之氣的「迴響」，他表示：「（迴響）所指的為存在於聲音或物質面內在，無法捉摸、無法消去的（精神）品質，這品質可從其物質性中析出，並自由地伸展於其四周：它任由宇宙之氣穿透遍布在其形態之間。」朱利安著，林志明、張婉真譯：《本質或裸體》（臺北：桂冠圖書，2004年），頁103。在平淡美學的討論中，「氣」也是朱利安重要的思想憑藉。

17　朱利安表示：「音樂只不過是一種和聲的能力被系統化了，並且可為人察覺的結果，但要看清其效能，就得往更高處，即往聲音本身的源頭去尋找。和音樂旋律的潛在性還完整而不可限量的時候相比，在音樂逐漸變成現實的過程中，音樂家所演奏的一切音樂，僅僅展現了某種特別的並且被固定的形式。」朱利安：《淡之頌──論中國思想與美學》，頁54。

18　朱利安舉普羅汀諾斯（Plotinus）的《九章集》（*The Enneads*）第5卷為例，說明柏拉圖主義者標舉音樂經驗的形上層次的首出性：「可感可知的事物中的音樂，是由在它之前的一種音樂（創造的）。」朱利安：《淡之頌──論中國思想與美學》，頁52。

19　朱利安：《淡之頌──論中國思想與美學》，頁116。

成轉化的能量，讓藝術主體向著隨機的偶遇敞開，並將界限視爲可能性的泉源。由平淡的美所達至的和諧並非處於貧乏的單調之中，而是由於居間於界限所獲致的穿透性能量，此一穿透性的力量如王弼注《道德經》第14章所言：「無狀無象、無聲無響，故能無所不通，無所不往。」[20]

在朱利安的平淡美學中，蘊涵著「勢」的控制邏輯所遺忘的否定性力量，它不規定而有活力、不佔有但向整體開放，是解放性的力量，雖然它仍然追求整全、和諧、統一、源頭，但卻可能涵容多樣性的聯繫，允許無目的的循環流轉，而非缺乏自由的排它性控制。不同於「勢」，「平淡之氣」較能納入偶然性、差異性，讓力量的整合不是以在先的控制或排除差異的布署，而是反過來容許「隨便出現」與「東補西修」，讓「最佳美的」以偶然的、不可預期的方式臨現。從「勢」迴向「淡」的逆向操作，不是爲了取得成功，而是承認失敗、敗筆的必要性。如此，「最佳美的」未必是一見可喜，而是如平淡無味，可以涵容一切的味道，但至味無味，因爲它不排斥也不偏好。不偏好成功，不排除失敗；但也不特意歡迎失敗，或矯情地排斥成功。

三、淡勢之間

若不考慮朱利安的美學政治論，也不談論極權政治如何運用「勢」的控制邏輯，在當代資本主義社會，有可能從「勢」迴向「淡」嗎？

當代資本主義的商品經濟可以說是「勢」的控制邏輯的極致展現。2013年8月17日至9月22日，臺北誠品藝廊策劃了一個展覽：

20　〔魏〕王弼著，樓宇烈校釋：《老子周易王弼注校釋》（臺北：華正書局，1983年），頁31。

「我們是否工作過量？（Are We Working too Much?）」，策展人是龔卓軍。龔卓軍表示，他策展的構想是受到e-flux在2011年所出版的 *Are You Working too Much?*[21] 在該書「第一章談及1960、70年代在柏林社會中瀰漫著一種相對於白領經濟學的『尼采式經濟學』（Nietzschean Economy）。當時的人們以一種商品邏輯的經濟學而言極度浪費時間的活動，分享著一些不一定會實行的計畫，許多勞動甚至是漫無目的，或最終不打算生產出任何可被貨幣計算的實質物品，但這些交往卻是足以切換至個體經驗互換、網絡（network）交織張力下的一種被強化的生命狀態（intensified life）。」[22] 龔卓軍的展覽構想涉及了藝術和文化批判的關係，藝術實踐既挑戰了由商品經濟所支配的社會生活，又指向另類的生產活動與交往關係。是否真有一種「尼采式經濟學」的可能性，可以作為批判的支點來啟動當代文化的更新？藝術家到底在做什麼？他們的心智與身體勞動究竟是有目的的行為？還是無目的的創造？還是既互相包含又彼此排斥？在做與不做、能與不能之間，藝術活動、無意義的行為、生活方式、生產活動，是否真的沒有產生什麼？創造什麼？透過有意的試探，某些藝術家嘗試透過不做的方式[23]，反向介入創作與生產活動，實現一種沒有

---

[21] Julieta Aranda, Anton Vidokle, and Brian Kuan Wood ed., *Are You Working Too Much? Post-Fordism, Precarity, and the Labor of Art*, (New York: Sternberg Press, 2011).

[22] 龔卓軍、林怡秀主編：《我們是否工作過量I：工作手冊》（臺北：誠品，2013年），頁31。

[23] 龔卓軍常舉台裔美籍藝術家謝德慶為例，如在1985-1986命名為「不做藝術」的計畫中，謝德慶宣布這一年當中不從事任何跟藝術有關的活動。不談，不看，不讀藝術，也不進入畫廊或博物館，只是生活一年。在1986-1999的13年計畫中，他做藝術而不發表。這件「作品」在千禧年的第一天公開發布，謝德慶說：「我存活了。」參見《維基百科》「謝德慶」條目，網址：http://zh.wikipedia.org/wiki/%E8%AC%9D%E5%BE%B7%E6%85%B6。另外，還可參考Adrian Heathfield, Tehching Hsieh，龔卓軍譯：《現在之外——謝德慶生命作品》（臺北：典藏藝術家庭，2012年）。

做的做、不是藝術的藝術，其中所企盼的或許包含著生命力量的提升與釋放。

尼采式經濟學是否可能的問題在於，是首先指向了藝術家實踐活動的特殊性究竟何在的問題。先看一段尼采在《歡愉的學問》（*Die Fröhliche Wissenschaft*）所說的話，標題爲「人們應該要向藝術家學習什麼」，尼采在此要求首先得知道藝術家到底做什麼、會什麼：

> 我們應當向藝術家學習，然後我們還得比他們更有智慧。因為在藝術家那兒，通常精微的力量在藝術停止的地方便消失了，而生活才開始；我們則要成為我們生命的詩人，而且首先得從日常生活最微細處開始。[24]

孟柯認爲，尼采幽黯力量的美學有一重要意義，藝術家的「能不能」對反於哲學家追尋自我確定的最後奠基工作。因此在尼采之後，美學便提升到決定性的地位，取代了知識與道德，成爲決定性的轉化力量（當然其破壞性也同樣地劇烈）。從這個角度來看，美學已不是單純地限定在狹隘定義下的藝術領域，而有倫理、政治的涵意。尼采認爲，我們應向藝術家學習（對莊子來說便是向自然、向天地這位大藝術家學習），但是要比藝術家更懂得運用「精微的力量」（Feine Kraft），在藝術家停止的地方展開生活，「成為我們生命的詩人」，並回答哲學家的問題：「什麼是善的生活？」尼采說的有點隱晦，他的意思其實是指，美學超越了藝術領域，更是一個文化問題、政治問題。他主張必須以美學作爲文化的主導性力量，而不是知識和道德，以文化創造的高度，來回答希臘哲學家想在城邦的共同生活中追求善的生活的可能性。於是尼采認爲，該當從日常生活最微細處開始，進行美學的自我轉化，這同時是政治與社會文化重塑的問

---

[24] KSA 3, S. 538.

題。

　　在《悲劇的誕生》第18節，尼采批判現代文化被理論知識宰制的問題，所有的教育手段都只爲了追尋高度的認識能力，以服務於從事學術工作的「理論性的人」（Theoretischen Menschen）。知識型文化執迷於知識探求的樂趣。妄想藉此療癒生存的永恆創傷。[25]「理論性的人」的原型是蘇格拉底，他相信「知識可以匡正世界，科學可以指引人生」。[26]尼采認爲，首先是康德的批判主義戳破了認識的樂觀主義對於獲致永恆眞理的絕對信心，「以爲一切世界之謎都可以認識和探索，把空間、時間、因果律看成普遍有效的絕對法則。」[27]由於康德爲理性劃定批判的界限，認識在經驗的範圍內停下腳步，尼采認爲，批判哲學這關鍵的一步有助於開創悲劇文化。換言之，當認識願意謙遜地在經驗的邊界上自我限縮，藝術便可接手調解生存的矛盾；面對生命，認識的探究（Untersuchung）止步，藝術的追尋（Suchen）於焉展開。悲劇文化的任務不在於認識眞相，以療癒生存的矛盾痛苦，而在於承認生命本身就是藝術，藝術就是不斷以編造幻相的方式創造眞實。承認幻相是唯一的眞實，追求幻相並棲止於幻相，那麼驅迫生命通向虛無的苦痛之源，也同時是幻化創造之樂的藝術性生命。「成爲我們生命的詩人」，因此不是指像藝術家一樣運用「精微的力量」創造作品，而是讓生活成爲我們的藝術品。生活，於是不再需被理論的規畫、精準的效率思維、目的導向的行動模式所支配，而是接納無目的的力量遊戲所激發的創造性愉悅。

　　孟柯闡釋分析從鮑姆嘉登（Baumgarten）以來的美學主體。對鮑姆嘉登而言，「主體」就是那夠擁有或大或小的「力量」（Kräfte）的「實體」（Substanz）。「主體」就是擁有力量者。

---

[25]　KSA 1, S. 115.

[26]　KSA 1, S. 115.

[27]　KSA 1, S. 118.

但是主體所擁有的力量，並非某種含藏在主體內部的原因──由它可以解釋所發生的活動，而是如萊布尼茲所說的某種「內在原理」（das innere Prinzip）。要理解鮑姆嘉登所說的，主體就是具有此一「內在原理」的力量擁有者，得從美學的「習練」（Übung）現象來說明。「習練」的目的在於獲得「能力」（Können），我們反覆操練就是爲了能讓某種優良的技能上手。從這個角度來說，鮑姆嘉登認爲「主體」意即掌握了「能力」，「是主體」（Subjektsein）就意謂著「有權力」（Machthaben）。鮑姆嘉登說：「我的靈魂是力量。」（Meine Seele ist Kraft.）從美學的角度來說，「主體」就是「能者」（Könner）。此處自我關係首要的不是關於知識，而是在行動中展開的自我。主體性是力量的自我關係，能力或權力優先於知識。[28]

　　在這一段孟柯所說明的鮑姆嘉登式的美學主體，揭露了美學何以能夠突破近代笛卡爾式的反思主體，也就是以認識爲首出的理性認識主體。[29]「習練」（Übung）此一概念，尤其在上述的說明中，也很容易讓莊子的研究者發現此一美學主體和莊子庖丁解牛等技藝的工夫主體之間的可溝通性。[30]擁有技能的主體，關注的不是怎樣客觀

---

[28] Christoph Menke, *Kraft. Ein Grundbegriff Ästhetischer Antropologie*, S. 33-35.

[29] 鮑姆嘉登的美學入門磚奠基於「感性的認識」，他的《美學》（*Ästhetik*）旨在積極地闡發由笛卡爾所構畫的「感性」（Sinnlichen）領域，使它如同認識（Erkenntnis）一般有其特殊且合法（berechtigten）的形式：「美學（自由藝術的理論、基層的認識學說、美的思考的藝術、類比理性的藝術）是一門感性認識的科學。」引自：Christoph Menke, *Kraft. Ein Grundbegriff Ästhetischer Antropologie*, S.89.鮑姆嘉登繼承了笛卡爾的方法，只是他探討了笛卡爾不認爲可以成爲認識對象的感性領域。

[30] 然而，何乏筆指出，孟柯有關「習練」（Übung）與「教養」（Bildung）的說明，是一種既內在又外在於主體的力量，不能成爲「工夫」的內容。力量只能在主體中「解捆」（sich entfesseln）、「爆發」（sich entladen）或「表現」（sich ausdrücken）。何乏筆：〈氣化主體與民主政治：關於《莊子》跨文化潛力的思想實驗〉，頁49。

地認識事物，而是操作性的行動。主體是展開行動的「能者」，而非「認識者」。這也讓我們看到了與尼采哲學的呼應關係。尼采在《論道德系譜學》的序言中，嘲弄了人類作為「認識者」的可笑與荒謬，以認識自豪的人類，不僅並不認識自己，還總是誤解了自己。[31]在認識的自我關係中，人類會離自身愈來愈遙遠、愈來愈陌生。然而，在美學的、技藝的行動中，我們發現了另類的自我關係，即力量的、能力的、權力的。然而主體性的挺立卻非憑空而來，它需要「習練」或「工夫」。如何展開此一反覆操練的自我技術，使自己成為「能者」，正是我們要探討莊子氣化工夫的理由。莊子的氣化工夫涉及了如何成為自己的自我技藝，它是一個動態的自我轉化歷程。從心知的操控到卸下心知，任氣遊心轉化，到忘我喪我，其中「知」與「不知」、「人」與「天」、「我」與「物」都在一個循環往復的過程中，以中斷（「止」）習用的認知行動機制來實現自由的表現形式。此一過程我們固然可以用莊子的工夫論語言展開很多的詮釋與討論，倘若參照孟柯的美學人類學，可以看到另類的呼應。

　　孟柯回顧從鮑姆嘉登以降到尼采的思想歷史，來說明此一動態的自我轉化歷程。鮑姆嘉登的美學主體雖然能夠切入人類的感性領域，探討力量的自我關係，但是仍然偏於靜態的結構分析，而且對於力量的構成關係認識不夠深入。赫爾德（Herder）對鮑姆嘉登提出批評，人類的自我認識應當是「讓人得以成為主體」的自我認識。他並且主張，美學便是一種自我認識的學說，而且此一認識要從「幽黯的」（Dunklen）來解釋「明白的」（das Klare）。此一「幽黯的」部分，是赫爾德美學的出發點、前提，也是根據。[32]他的美學自我認

31　KSA 5, S. 247-248.

32　孟柯表示：「對赫爾德來說，力量和官能間的區別指向了美學理解另一個相反的領域，絕不僅是一個特殊的類型而已，而是對反於（gegenüber）感性認識的另一個絕然不同的「品種」（Gattung）——這是赫爾德自己的用語。於是，此一辯證的關聯便消解於幽黯美學（Ästhetik des Dunklen）當中，感性的普遍理論、藝術與美的特殊理論都被整合到鮑姆嘉登式的美學。」Christoph Menke, *Kraft. Ein Grundbegriff Ästhetischer Antropologie*, S. 89.

識要做一系譜學的探源工作，要追溯的即是人類此一美學的「自然本性」（Natur）。此一「幽黯力量」是無意識的，赫爾德認爲它不是主觀的，沒有規範的內涵，不是機械式的外在原理，而是內在的原理，也不是生物的、有機體的。這些對「幽黯力量」否定性的規定顯示了它並非主體的實踐官能（Vermögen，或可譯機能），而是中斷乃至活化了實踐性的官能主體，向美學的「自然本性」轉化，成爲「幽黯力量」的自由遊戲。赫爾德也同時把靜態對立的「幽黯」／「明白」、「感受」（Empfinden）／「認識」（Erkennen）的區分，動態化成爲一發展的過程，因此美學便不是一種「狀態」（Zustand），而是「活動」（Ereignis）、「過程」（Prozeβ）。美學的轉化過程，也是一種力量的表現（Ausdruck），但不是由內到外，而是自我與他者間的轉化，而自我和他者並非外部的關係，而是內在的作用關聯。孟柯再接著考察了孟德爾頌（Mendelssohn）、蘇爾策（Sulzer）對美學活動的描述，並歸結如下：美學的自我反思是對於實踐官能的否定性操作，[33]而它正面的活動則是向著遊戲的、幽黯的力量進行美學轉化。[34]

四、氣化美學

　　莊子氣化美學的「遊」[35]，既遊於物、人、我之間，也遊於天人

---

[33] 孟柯認為美學就是美學化的過程，感性認識的實踐官能將在此一過程中轉化並提升，自由的遊戲也於焉開始。感性認識的操練（Praxis）展現於力量的美感遊戲當中，而它既不尋常也不完美，它甚至什麼都不是。（Christoph Menke, *Kraft. Ein Grundbegriff Ästhetischer Antropologie*, S. 92.）從官能到力量的轉化過程，何乏筆稱，從力量到官能為「順」，從官能到力量為「逆」。此一雙向轉化的細緻描述仍有待展開。初步的討論可參何乏筆：〈氣化主體與民主政治：關於《莊子》跨文化潛力的思想實驗〉，頁52。

[34] Christoph Menke, *Kraft. Ein Grundbegriff Ästhetischer Antropologie,* S. 46-80.

[35] 楊儒賓：《儒門內的莊子》（臺北：聯經出版社，2016），頁173-224。

之間，甚至是與自我內部的他者分而不分的「遊於內」，然而不論是「遊於自我之內」或「遊於天地之間」，皆「未始出吾宗」（〈大宗師〉）。莊子的自由遊觀之妙，仍然得從「氣」的內在原理來解釋。「氣」可分「陰」、「陽」，但分辨而不分開。「氣化」即是「陰」／「陽」[36]此一可類比於「幽黯」／「明白」的差異動態轉化原理。「氣化」可說是一回歸「自然本性」的美學轉化歷程，它中斷了莊子所批判的「機心」，將目的導向的官能主體轉化成自由遊觀的力量主體。此一美學力量的主體之所以可能，仍得回到「氣」的工夫。

　　雖然孟柯認為，在官能與力量之間來回往復的轉化過程並非透過習練所獲致，但他同意藝術家「能不能」（Nichtkönnen können），也就是能展現此一不為主體的認識活動所駕馭，但以主體為中介的表現性力量。藝術家「能不能」，也就是能「不去求知」，並且單單棲止在「幻相」（Schein）的表層，不透過求知的行動解消「幻相」。

36　〈則陽〉：「陰陽者，氣之大者也。」在內篇言陰陽者有5處，全書共29處。內篇言氣有13處，全書共36處。戰國中期逐漸形成的氣的思想在《莊子》中也不少見，其中有些帶有氣化宇宙論的思想，但不僅止於此。《莊子》所言陰陽氣化若干具有工夫義者，連帶著政治治理的脈絡，是否與黃老之學有重疊與區隔處，尚須仔細釐定。〈在宥〉有一段故事是黃帝向廣成子請教如何「官陰陽以遂群生」透露了一些消息。陰陽既是「氣之大者」，能操持駕馭（這是黃老之術）便能統理天下，為何廣成子認為至道不在此？《莊子》一方面有老學以大道無私之無為而治（所以廣成子居於「空同之山」）的原則，也強調工夫（「築特室，席白茅，閒居三月」），但此一工夫則與君臣治理之道無關，而回到了天地造化之源來用功。此一工夫要解決的是怎樣的基源問題？如何跟為政之道相關？再者，莊子的為政之道和孔子有何不同？可參〈天運〉孔子初見老聃語以仁義，歸後三日不言，待弟子問，才回答：「吾乃今於是乎見龍！龍，合而成體，散而成章，乘雲氣而養乎陰陽。予口張而不能嗋，予又何規老聃哉！」孔子想以仁義治理天下，但老子則示現以乘雲氣養陰陽之龍，此中當有超越一般治術的為政之道，且與陰陽之氣的運行有關。本章將不從一般的黃老氣學觀點來展示氣的政治思想，而是透過美學的進路，討論美學工夫為何能與政治社會的轉化有關。

孟柯引述尼采在《歡快的科學》中的說法表示[37]，美學因此在字面意義上成了現象學。藝術化身為「對幻相的肯定」，透過藝術，我們也將自身看成「美感的現象」（ästhetisches Phänomen）。藝術家拒絕穿透「幻相」，以達至所謂的「認識」，所以他能獲得純粹地觀看、不同的觀看的能力，能自如擺盪、遊戲創造。[38]然而，對尼采來說，美學的文化絕不僅止限縮於藝術領域，他同時要思考的是一個符應於美學的文化如何可能，或者是問，美學實踐如何能夠轉化（倫理的）個人生命與（政治的）群體生活，尼采的力量美學因此具有政治文化的意涵。[39]

　　若是在尼采的構想中，實踐的美學轉化對反於目的導向的行動模式，那麼該當也反對莊子所說的「成心」、「機心」，以及朱利安以成效為指標的「勢」，但或可通於美學中的「淡」。孟柯說：

　　　倘若藝術家的才能是「能夠不能」（Können des Nicht-Könnens），那麼向藝術家學習就表示「學會不能」（verlernen）：「學會善於遺忘。」──把「能」和「所能」都忘掉。《歡快的科學》要求藝術家遺忘他們「精微的力量」（feine Kraft），《偶像的黃昏》則把「美學的活動和觀看」界定為特異的矛盾才能：在迷醉的力量

---

[37]　KSA 3, S. 352, 464.

[38]　Christoph Menke, *Kraft. Ein Grundbegriff Ästhetischer Antropologie*, S. 110. 我們還可以從美學的自由遊觀、現象學的觀看角度重解《齊物論》。席勒、高達美、芬克（Eugen Fink）對「遊戲」（Spiel）經驗的描述與莊子思想的關聯也是一個值得繼續探討的主題。在中文著作中，相關的探討有賴錫三：〈莊子與羅蘭巴特的旦暮相遇──語言、權力、遊戲、歡怡〉，《臺大中文學報》，第37期，2012年6月，頁39-87；葉維廉：《道家美學與西方文化》（北京：北京大學出版社，2002年）。

[39]　Christoph Menke, *Kraft. Ein Grundbegriff Ästhetischer Antropologie*, S. 107.

釋放中，實踐官能潛藏或踰越。藝術家因此在美感藝術
上轉出了倫理與政治的意涵——為另一種活動的模式：
不同於目的導向的行動。另一種活動（Tätigsein）的模式
為：向藝術家學習不是從實踐的世界中逃開躲入美學的
幻相沉思當中；依循藝術家的模式不是以「美學現象」
來替置實踐事物，而是以美學的方式來轉化實踐世界。[40]

讓我們用莊子在〈大宗師〉「坐忘」中的「忘」來詮釋這段話中藝術
家的「善於遺忘」為何具有倫理與政治意涵。藉由顏回與孔子的儒門
對話，莊子讓顏回遺忘了倫理上的仁義和政治上的禮樂之道，這樣才
能「同則無好」（無所偏好才能同於大通）、「化則無常」（進入氣
化的力量流變之中），也就是學會遺忘才能獲得純粹觀看的能力，才
能成為自由的力量主體，以美學的方式來轉化實踐世界。因此莊子的
氣化美學若能成立的關鍵在於，氣的工夫習練與美學的自由遊戲的確
構成了力量美學的主體，而且是自由的主體。倘若此一氣化美學的主
體不僅僅是狹隘的精神自我的逍遙自在，或是個體的藝術境界，那麼
它如何能通向超個體的政治與文化意涵就至關重要。

　　為了說明此一氣化美學政治的可能性，除了莊子之外，更可以
為憑藉的是王船山的氣論。船山氣論得益於莊子、張載，而且能夠
充分展開政治、歷史的面向，朱利安對船山的詮釋雖然也照應及
此，但是路線卻有嚴重的偏失。首先，朱利安所論的「勢」只能成
一家一姓君王之「私」，完全忽略了船山念茲在茲的百姓天下之
「公」。在《尚書引義・立政周官》中，王船山指出，自周朝始，後
世君王「一天下之權歸於人主」，「以唐虞為弱，而以家天下自私
者為彊乎」。他認為後世君王雖有望治之心，但不能知理勢以「公

40　Christoph Menke, *Kraft. Ein Grundbegriff Ästhetischer Antropologie*, S. 114.

天下」、「利天下」，反而「恃一人之耳目以弱天下」。[41]船山此一批評，明白反對爲了國家（其實只是一人一姓的私天下）的強盛而犧牲百姓之利。他說：「一姓之興亡，私也；而生民之生死，公也。」又說：「寧喪天下於廟堂，而不忍使無知赤子竊竊弄兵以相吞齧也。」[42]王船山認爲個體生命與人性尊嚴遠遠高於政權的興替與戰爭的成敗，這樣的觀點與只從國家或統治者的角度、爲私利而服務的「勢」有根本的分歧。其次，朱利安對「勢」的詮釋導向了一元論與目的論，雖然他把所謂的中國思想看成是內在性的思想，但卻否定了此一內在性原則可以是由差異力量構成的多元性思想。王船山的氣論明顯有此一理論向度，卻在朱利安的解釋中走向了強調順應、和諧的氣化一元論。氣論的確是內在性的原則，但是朱利安把它完全看成是一無主體、無行動的適應過程，於是革命不可能也不必要，轉化才是重要的。問題是，轉化的依據何在？朝向什麼轉化？這是朱利安未思或不解之處。

　　美學的創造性轉化和政治實踐之間如何產生關聯？從這個角度來看朱利安和王船山思想是否會得出不一樣的結果？爲了說明「轉化」，朱利安討論了《中庸》的章句。他認爲聖人的「化」與戰略家相同，都是「無爲而成」（《中庸》第26章）。於是藝術的不爲、不能便與政治、軍事、教化產生了關聯。朱利安也強調「轉化」和「行動」有根本的不同，「轉化」是在時間中延伸且不被察覺的連續變化過程，「不論開端是如何地微弱，透過逐漸地增強，我們便能達到最具決定性的結果」，「它會『開展』、變『厚』且『增加強度』，而且因爲規律地聚積而越來越緻密」（「不息則久，久則徵，徵則悠遠，悠遠則博厚」，《中庸》第26章）[43]美學作爲轉化使

41　〔明〕王夫之：《尚書引義》卷5，收錄於《船山全書》第2冊，頁395-401。

42　〔明〕王夫之：《讀通鑑論》卷17，收錄於《船山全書》第10冊，頁669。

43　朱利安：《功效論：在中國與西方思維之間》，頁89-90。

得美學化的政治行動得以可能，在這點上朱利安與孟柯看似一致，卻
在重要的一點上有深刻的不同。孟柯也認爲向藝術家學習就是學會
區分「行動」和遊戲性的「活動」（Tätigkeit）的不同，但是他會認
爲，聖人的「轉化」也就是讓藝術的創造「活動」不能完全與「行
動」脫離，而是能夠回饋到政治的「行動」當中。孟柯說：「行動或
遊戲，任何一種行事方式都預設了另一種。我們向藝術家所學的，不
只是對於善的區分，還包括了善於區分（善）。」[44]

　　至於朱利安跟王船山的差異，仍然是「私」與「公」的分別。
「轉化」持續改變的過程究竟通向何方？朱利安大多數的選擇是
「使得事物向對己有利的方向演變」。[45]這個「對己有利」，可以
是君主的、謀士的、戰略家的，但是朱利安常常忘記在儒家的文本
中，聖人、君子的「化」最終必澤及百姓，和戰略家收服敵人，或者
集權統治者令他的臣民畏服，在意義上截然不同。儒家的轉化本於無
私之誠，利澤天下；兵法家的轉化，即使在形式上跟《中庸》的模式
相同，其目的也只在於爲權力與私欲服務。

　　《中庸》第26章啓首的文句是：「故至誠無息，不息則久，久
則徵，徵則悠遠，悠遠則博厚，博厚則高明。……如此者，不見而
章，不動而變，無爲而成。」[46]但是朱利安的討論則截了此章開頭
最關鍵的「至誠無息」。他爲什麼只要「不息」、「無爲而成」，
而不要這個能轉化的依據？船山認爲，「至誠」正是天這個不可
見之「體」，「不息、久、徵、悠遠、博厚、高明」則是可見之
「用」，「此自用而察識其體」。[47]然而要注意的是，王船山並不認
爲這個至誠之體是「主一不雜」的，雖然有體，只是無妄不息的誠

[44] Christoph Menke, *Kraft. Ein Grundbegriff Ästhetischer Antropologie,* S. 128.
[45] 朱利安：《功效論：在中國與西方思維之間》，頁91。
[46] 〔宋〕朱熹集註：《四書集註》，頁34。
[47] 〔明〕王夫之：《讀四書大全說》卷3，頁560。

（也就只是慎獨的工夫），它就在並育並行的川流萬殊之中，船山說：

> 天地之不貳，惟其終古而無一息之閒。若其无妄之流行，並育並行，川流而萬殊者，何嘗有一之可得？諸儒不察，乃以主一不雜之說，強人而為之證，豈天地之化，以行日則不復行月，方生柳則不復生桃也哉？[48]

　　船山批評宋儒「主一不雜」之說是錯誤地將本體視為純一無雜的離用之體，我們可以從「神」和「氣」的關係來看船山不離於用之體的意思。對王船山而言，「神」就是「二氣清通之理」[49]，因此，神就是陰陽二氣，雖一而二。清通之理的健順不息不離於差異相對的陰陽二氣，沒有離於二的一。張載說：「聚亦吾體，散亦吾體，知死之不亡者，可與言性矣。」[50]然而此一易理所含的氣的思維，到了程頤、朱熹則截分為形上與形下兩橛，成了理氣二分的格局。在《張子正蒙注》中船山如此注解上引張載文句：

> 聚而成形，散而歸於太虛，氣猶是氣也。神者，氣之靈，不雜乎氣而相與為體，則神猶是神也。聚而可見，散而不可見爾，其體豈有不順而妄者乎！故堯舜之神、桀紂之氣，存於絪縕之中，至今不易。然桀紂之所暴者，氣也，養之可使醇，持之可使清也。其始得於天者，健順之良能未嘗損也，存乎其人而已矣。[51]

48　〔明〕王夫之：《讀四書大全說》卷3，頁562。
49　〔明〕王夫之：《張子正蒙注》卷1，頁16。
50　〔宋〕張載：《正蒙·太和》，頁7。
51　〔明〕王夫之：《張子正蒙注》卷1，頁23。

氣只有聚散，沒有生滅。不論氣是聚而可見，或散而未之見，其體則未嘗有所增損，均是清通之神、健順之能。因此，船山說「神者，氣之靈」，神並非外在於氣的超越存在，而是內在於氣的純良之能。但他又說神「不雜乎氣而相與為體」，這個關係就像孟柯所區分的實踐性的目的導向的「行動」和遊戲性的自由創造的「活動」（Tätigkeit）兩者之間的關聯，兩者既不同又「相與為體」。桀、紂只有行動，而且是聚集私利的行動，所以是邪妄之氣。而堯、舜之神是創造性的轉化活動，但是此一藝術性的自由創造遊戲（至誠無息的無妄流行）卻不離開有所作為的實踐行動，或者說不斷地在轉化的活動中將創造性的力量回饋到行動當中。神與氣的「相與為體」，不是形上／形下、本體／現象的差異二分，或上下層級的存有論劃分，而是在不斷轉化的過程中與通向自由的創造性接續與斷裂的關係。桀、紂和堯、舜在政治行動中都在施展氣化的差異性力量，只是桀、紂只順向地「暴」其氣，而不作逆向的「養」的工夫。「養」的工夫可看成是美學化的活動，也就是向藝術家學習遺忘的力量，忘卻順向的目的導向行動中所謀之利、所求之效。如此做工夫，行之久久，自然能在無目的的美學習練中，使氣漸「醇」，也就是接近天的無成心、不偏倚的自由創造性的活動，即「至誠」，這才是轉化的真正根據，才能「不息、久、徵、悠遠、博厚、高明」。美學化的政治若有目的，也旨在成全每一個差異性的個體生命，才會高明如天、博厚如地。

附錄一
當代新儒學與文化認同

一、牟宗三論「精神實體」

　　牟宗三在1949年中國大陸江山易幟之後，亟欲本儒家內聖之
學解決外王問題，乃發憤撰述寫成三本著作，即《道德的理想主
義》、《政道與治道》、《歷史哲學》。唐君毅在讀了《歷史哲
學》之後，寫了一篇文章〈中國歷史之哲學的省察──讀牟宗三先生
《歷史哲學》書後〉，文中謂牟宗三繼船山之志，為當今中國文化
與西方文化相遇之時，說文化中本有之一貫之道，以闢唯物史觀之
論。唐君毅認為牟宗三以「精神實體」來說歷史與黑格爾相近，亦即
將歷史視作一民族之實踐歷程，而不同之精神表現方式則有一形而上
之「精神實體」作為其根據。[1]

　　牟宗三反對馬克思的唯物史觀將歷史看成只是各為其階級私利的
鬥爭史，他主張人以向上向善為本願，人的實踐歷史因而總是向光明
而趨，即便有鬥爭但不會全是鬥爭。牟宗三認為要理解歷史，「總需
在光處理解」，在理性的光明處，即此一向上向善的道德心才能見
出歷史在現實的、曲折的不同表現中是發展的，在精神表現的理路中
會通，而不是雲霧一片、漆黑一團。他稱自己的歷史哲學為「精神
史觀」，即「精神實體」之彰著史、表現史。牟宗三主張要從光明面
來理解歷史，意即認為歷史有其光明與幽黯、上升與下降的發展歷
程。但他以為在此一明暗交錯的歷史中，總有一本質上是光明的理性
實體作主，或者歷史必需以理想主義的視角作為判準來評價歷史的變
化。牟宗三區分道德判斷與歷史判斷，並主張要同時承認這兩種判斷
各有其分際，必須合而觀之才能公允地評價歷史。歷史判斷便是承認

---

[1]　唐君毅：〈中國歷史之哲學的省察──讀牟宗三先生《歷史哲學》書後〉，收錄於牟宗三：
　　《歷史哲學》（臺北：臺灣學生書局，1988年），附錄一，頁8-9。牟宗三讀了唐君毅這篇
　　文章，覺得該文甚能表示自己書中精義，於1962年再版時收入《歷史哲學》的附錄，並建議
　　讀者將唐文當成引論。

歷史有偏離其理想本質的曲折性，此一曲折有其必然性。引進歷史判斷才能眞實化歷史。然而，單有歷史判斷而無道德判斷，則只是現象主義與歷史主義，不足以言歷史的眞實化。因此必須立足於道德判斷才能保住是非以成褒貶，幽黯、下降的歷史發展，依理仍得回歸其理性的、道德的本性而歸於眞實。這是理性藉由其自身的矛盾以實現自身，即黑格爾所謂的理性之詭譎，是一種更高的理性智慧。不論是個體、國族、文化，牟宗三都採用此一生命史的角度或精神辯證發展的格局來理解。[2]

　　因此，牟宗三表示支配中國歷史的中心觀念爲「普遍的道德實在」、「普遍的精神實體」。他認爲西方文化、哲學的起心所在爲「自然」，其領導原則爲「智」，中國的關注則爲「生命」，領導原則爲「仁」。因此中西文化各有偏重也各有缺失，西方欠缺生命之內潤，中國欠缺知性之理解，中西文化之會通與調適上遂之道應爲「攝智歸仁」、「仁以養智」。換言之，西方文化的知性理解型態必須以道德生命爲依歸，而中國文化的生命直覺體證則應「下降凝聚」，轉出知性理解的精神表現。[3]牟宗三說：

　　　　知性主體不立而仁亦傷，則充仁之量，必求立知性主

---

[2]　牟宗三：《歷史哲學》，頁1-14。關於道德判斷與歷史判斷另參牟宗三：《政道與治道》（增訂新版）第十章，頁225-269。

[3]　牟宗三：《歷史哲學》，頁13。黑格爾與牟宗三把「文化」實體化會招致許多問題，此處牟宗三劃分中／西、生命／自然、道德生命／知性理解的二分法，有本質主義的傾向（例如強調「中心觀念」），較難說明文化間際的交錯流衍、生成變化現象。牟宗三引入黑格爾辯證法來說明文化曲折變化的過程，將之理解爲文化自身離開與復歸的歷程，雖然彌補了部分方法上的缺失，但是仍難避免本質主義式的文化認同會招致的理論與實踐上的困境。爲了解消此一方法上的困難，可從跨文化的視角來理解文化現象中「同一」與「差異」之間的弔詭關係，不必引入實體化的精神辯證法史觀。請參閱本書第三章〈內在他者性〉，後文也將討論此一問題。

體，融西方文化之所重於中國文化之中。[4]

牟宗三此一文化對話的方案是以道德的理性實體作爲人類生命表現的本體，它是超越的形上實體，西方文化的知性理解精神亦爲理性精神所必涵，但在中國文化的精神實踐歷史中只「隱伏於仁而未能獨立發展」。對牟宗三來說，第三期儒學發展的歷史任務即是本此道德的「精神實體」作爲中西文化交會中的形上本體，自覺地從形上的精神本體中「自我坎陷」至「有執的」現象世界成爲認知主體。[5]開出理性的架構型態以吸收西方的民主、科學，如此才能因應現代化的挑戰，本儒家傳統的內聖之學開出新外王。

道德的「精神實體」作爲形上本體，是以唐、牟二先生爲代表的當代新儒家共認的基本信念與道統意識，他們以此爲根基，約莫在二十世紀中葉逐漸形成其歷史哲學的理解框架，據此展開儒學現代化的哲學工作。此一理論工作的歷史任務在於凝聚民族的文化認同，一方面對抗西方的馬克思主義、堅拒中國大陸的赤化，另一方面主張文化傳統必須自我轉化，開出知性的理解架構以吸收西方的民主、科學，並反對割裂傳統、剝除文化主體性的全盤西化之現代化路線。

牟宗三主張中華文化的精神內核是儒家的道德意識，它是一超越於現實歷史之上的形上「精神實體」，具有指導規範精神文化表現的作用。面對中西文化的衝突、交會，此一道德的形上本體必須自覺地下降、轉出一現象的知性主體，以吸納西方的精神文化。在此一理論格局中，超越的「精神實體」作爲道德意識是普遍的，能夠開出民主、科學的知性主體則不在超越的本體界，而是由道德意識自覺一實踐上的必要，「自我坎陷」爲現象意義的主體，此一主體是有執的，雖具有獨立意義但須歸依涵容於眞正的本體——道德主體。因

4　牟宗三：《歷史哲學》，頁19。

5　牟宗三：《現象與物自身》（臺北：臺灣學生書局，1984年），頁7。

此，普遍的道德主體和知性主體是異質異層的主體，儒家的道德主體
性不僅在面對西方文化的挑戰時具有超越的地位，在牟宗三看來，不
論是先秦時儒家面對墨法名道，或漢末佛教進入中國，此一道德的
「精神實體」是決然不可動搖的根基。儒家的道德意識是民族文化的
精神內核，具有本體上的優位性，能夠消融整合文化差異，讓異質的
文化因素凝結成統一的文化共同體。

　　在《歷史哲學》中，牟宗三追溯了此一道德意識從黃帝至周以迄
孔孟，如何從不自覺的道德實在，由隱而顯成為自覺挺立的道德主
體，其中的關鍵人物便是孔子。二帝三王的敬心施政、修德愛民、本
禮以行政是由史官的職責來把握，普遍的「精神實體」只是與自然渾
而為一的素樸的綜合型態，是不自覺的湧現。到了孔子，直接的政治
型態轉而為學術教化的型態，史官推動政事、人文化成之義改由士來
主導。孔孟將原始素樸的道德實在，顯明彰著為仁智之全的道統及由
道德心所證實的性善。此一道統乃自孔孟傳至宋儒，成為貫穿民族歷
史的觀念型態。[6]

　　然而，「仲尼祖述堯舜、憲章文武」、「孟子道性善，言必稱堯
舜」此一稱美堯舜的歷史意識，在春秋戰國時代卻有三系不同的看
法。這三系分別為楚、秦晉與齊魯。牟宗三說，楚系多怪誕、富幻
想；秦晉尚功利、多權詐；齊魯則得其正宗。牟宗三認為，唯有儒家
能本於人性之正，由此而發自然地附麗古史而稱美堯舜，正顯示了民
族之文化意識與歷史精神，他認為此中有其必然性。換言之，在春秋
戰國諸子百家並起的時代，孔孟稱堯舜是稱其德，此一道德意識正使
儒家突出於諸子之上而為民族意識之正統。聖王之修德安民，至周則
禮樂燦然明備，孔子承之，調護生命、安頓生命的道德意識於是支配
了華族歷史，道德實在、精神實體成為其中心觀念。[7]

6　牟宗三：《歷史哲學》，頁4-12。

7　牟宗三：《歷史哲學》，頁6-14。

二、華夏／儒家文化的跨文化性

　　牟宗三強調儒家文化的引領性、核心性地位，然而儒家能成為中國文化之主導性思想，是在春秋戰國時代的多元發展與交相競逐中顯其特色，它的普遍性是在多元互動中吸納了各種異質性思想，所以才能上承遠古、下開百代而綿延至今。孔子所紹承的周禮，是匯聚了三代思想而獨顯人文精神之特色。儒學雖發源於魯，卻不只是地域性的思想，而具有跨地區、超風俗的普遍性。

　　〈仲尼弟子列傳〉記載，孔子弟子共77人，清人朱彝尊、梁玉繩等更進一步考證出有一百零幾人。其中魯有38、衛6、齊6、楚3、秦2、陳2、晉2、宋1、吳1。孔學教化所及，南至江淮，西達兩陝之地。因此，由齊魯的周禮之學所展開的儒家思想，一方面和南方陳、宋、楚的道家文化，西方三晉以富國強兵為導向的法家思想，既互別苗頭，又展現出絕然不同的跨地域、跨時代的普遍性。孔子之後，他的學生子貢、子夏及再傳弟子們不論在齊之稷下、三晉之法、兵思想皆見影響。孟子曾遊稷下，其浩然之氣的思想與稷下氣學頗有可資互證之處，和告子的人性論辯也可見孟子的性善思想是與當時的氣化人性論的對峙交鋒中激發湧出。荀子思想與稷下交融的痕跡不僅斑斑可考，他的學生韓非也可能是早年遊學稷下時受學於荀子。[8]

　　孟子認為，夷人若接受了夏文化便不再是夷人，夷夏之別是文化上的自我與他者的界分，而不是族群與政治上的。[9]在戰國時期中原

<hr />

8　李山：《先秦文化史講義》（北京：中華書局，2008年），頁183-197。

9　例如孟子稱讚楚國的陳良，因為悅慕周公、仲尼之道北上求學於中國，而當時北方學者不及陳良，孟子因而稱他為豪傑之士。《孟子・滕文公上》：「吾聞用夏變夷者，未聞變於夷者也。陳良，楚產也，悅周公、仲尼之道，北學於中國。北方之學者，未能或之先也。彼所謂豪傑之士也。」〔宋〕朱熹：《四書章句集注》，頁260。

諸夏的風俗和南方的楚、越仍有相當大的差別，荀子曾說：「居楚而楚、居越而越、居夏而夏。」[10]此一跨文化經驗，可能也影響了當時儒者對於所推尊的周文與禮樂有了不同的態度：即一方面想要為天下建立一具有統合性的文化意識，同時要能適應地域文化的差異性，以保持規範的流動彈性。儒家之徒在戰國時雖在魯國特別多，但也超越了族群與地域的限制，在思想上與其他家派彼此影響，《荀子》一書便展現了儒家本於禮樂文化吸收其他各家思想的綜合成果。《左傳》定公十年謂：「裔不謀夏，夷不亂華。」孔穎達疏：「中國有禮儀之大，故稱夏；有服章之美，謂之華。華夏一也。」[11]唐代的孔穎達對春秋戰國時期華夏中國的理解，便是從文化的角度彰顯其大度華美，華夷之別以文化為準則，是一綿延不絕的華夏文化的自我理解。

　　因此，華夏作為文化空間，有其開放性與包容性，華夷之別是文化上自我與他者的流動性界定，並非僵固地以政治與族群為劃界的標準。《春秋》有「內諸侯、外夷狄」，《春秋公羊傳》則有中國、諸夏、夷狄的層次界線。然而自居其中的中國，則是以安天下為理想，在不斷泯除的自我與他者的界限中，以文化力量來消融族群分別，因此夷願變夏，夏也可變夷，這裡有文化上的自主與彈性，並不依憑武力，也非經濟考量。在秦漢大一統政權建立前的華夏文化共同體所形成的天下秩序，一方面有諸國為了爭霸中原的政經角力，在硬的實力競逐之外，軟的跨文化交流更為關鍵。許多邊緣的文化他者，在爭奪政經利益時，逐漸認同諸夏的文化價值，加入華夏文化共同體，讓「中國」從黃河中游逐漸擴大蔓衍，「內諸夏」因此漸次取

10　〔清〕王先謙：《荀子集解》（北京：中華書局，2008年），頁144。
11　〔唐〕孔穎達疏：《春秋左傳正義》，《十三經注疏》第6冊（臺北：藝文印書館，2001），頁976。

消原有邊界，天下格局於焉成形。[12]

　　本來作為文化共同體的華夏與中國，開始作為一民族集團，到後來的漢族之出現，根據費孝通的研究，則是政治、經濟上與他族在交會、對抗中先他稱再自稱而出現的民族名稱。諸夏在古史傳說時代的活動範圍大約包括了黃河中下游和長江下游的地區。在古史傳說中的黃帝、堯、舜，記載了許多他們和四周被稱為蠻夷戎狄的族團征戰的情況，黃帝曾敗過蚩尤、炎帝，舜曾把反對他的氏族放逐到蠻夷戎狄中去移風變俗，這是中原文化與異地民族文化在衝突中擴張的過程。到了禹時，他會諸侯於塗山，執玉帛者萬國，當時的九州包括了黃河中下游和長江下游的地區，這是日後華夏政經發展的主要區域。繼夏而起的商則原是東夷之人，以遊牧起家，多次遷移之後才發展農業並以畜力耕種，農牧結合的經濟使它強大起來，一開始曾臣屬於夏，後來取得統治九州的權力，統治疆域除了傳統的華夏中原之地，可能還有江西、湖南及內蒙古某些地方。至於周則來自西方，有人認為是西戎的一部分羌人，最初活動在渭水上游，受商封稱周。它繼承了商的天下，又把勢力推擴到長江中游。漢族之稱則是中原以小農經濟而形成的文化體，到了南北朝初期和北方以遊牧經濟為主而發展出的北方匈奴，形成了以長城為界的兩個對抗的經濟、文化集團。因此說「南有大漢，北有強胡」。到了二十世紀，中華民族作為一個自覺的民族共同體，則是百年來和西方列強對抗中出現的。[13]

　　在現今所謂「中國」，以及在此一地理空間上分布的「中華民族」，不論從血統或文化的角度來看，從來就是多元交融、異質觸剌不斷的歷史產物。在一些文化衝突或交流頻繁的年代中，此一情況更

[12] 關於華夏文化中自我與他者的界分與天下秩序的形成請參許倬雲：《華夏論述：一個複雜共同體的變化》（臺北：遠見天下文化，2015年），頁63-73。

[13] 費孝通：〈中華民族的多元一體格局〉，收錄於《費孝通文集》（北京：群言出版社，1999年），第11卷，頁381-8。

是明顯。如在西晉末年黃河流域、巴蜀盆地等曾在一個半世紀內，由非漢族建立了多達16國，二十多個地方政權。包括了匈奴、氐、羯、鮮卑、羌等族，中原地區全部都被各種不同民族所統治。到了唐代，統治階級中更有不少是各族的混血。據統計，唐的宰相369人中，胡人有36人佔了幾近十分之一。從唐到宋的500年間，中原地區在所謂以漢族為核心的民族融合過程中，鮮卑、氐、羯等各族於是日漸消失。唐代可說是華夏文化的高峰，它的特色就在於以開放的文化政策，促進了多元民族、文化的交融、整合。今天所謂的中華民族、漢族乃至境內其他少數民族，要在血統上證明為純種，幾乎是難以想像的一件事了。[14]

　　張廣達的研究也顯示出，唐代多元文化的匯聚導致了前所未有的文化昌盛。有唐一朝對待外來民族文化既未因其異己而排斥，也非漫無目的地吸收。唐代的官制、兵制、刑法、田制、賦稅、徭役都源自前朝，並未因外來文化的影響而更張。唐朝根據自身社會的層序結構，各民族根據其所處的社會環境，在吸收異質文化的過程中都經過了一番遴選、汰濾和加工。此一吸收轉化異質文化的機制相當複雜。學者分析敦煌文書的內容發現，敦煌文化是由三部分所構成：一、以儒、道、漢化佛教為主的漢族文化；二、當時混雜居住在敦煌地區和西域的漢、吐蕃、回鶻、退渾、通頰、昭武九姓、于闐等民族多邊交往、相互作用而產生的混合文化；三、印度、中亞、西亞等外來異質文化與當地各民族文化相匯聚而產生的嫁接文化。這三個部分不僅分別適應不同民族、階層的需要，其中又細分為從上層精英到下層大眾的多層次文化。這些不同層次的文化又彼此滲透、互相影響。由敦煌文書所映射出的大唐文化可說是一成色極為複雜的文化聚合體（aggregate）或混合物（amalgam），在其中已被吸收的外來文

14　費孝通：〈中華民族的多元一體格局〉，頁386-402。

化或被淘汰或因偶然的原因才得以保存。[15]

三、當代新儒家的文化認同

在牟宗三與唐君毅對於中國文化的詮釋中，多元的民族文化接觸中仍有統緒與一元，唐君毅更認爲中國文化的來源爲一元，並主張中西文化面目之不同正在於西方重文化之類別，而中國則重文化之統緒。他以此來解釋爲何西方文化的宗教、文化衝突不斷，中國因爲在多元交流中仍保有其一元性所以衝突少。他先提及近人因受西方多元文化論的啓發也主張中國文化有其多元的來源，如梁啓超認爲中國有南北二支文化，蒙文通則有齊魯、秦晉、荊楚三支文化。唐君毅認爲各地文化思想之差別，只是地理與民族氣質之差別，不可爲多元文化源流之證。他反駁的意見是中原民族有統一的文字來表達學術思想，因而不論是在漢唐時期吸收印度文化，或明代輸入西方科學與基督教義，都未產生眞正的衝突。直到百年來因通商及帝國主義的侵略，才發生眞正的衝突。[16]

唐君毅引用黑格爾的歷史觀，主張西方的頻繁戰爭、衝突可提起人民之超越精神，發達的航海、商業生活可以開發人之計算理性，衝突和商業於是成就了個體的主觀精神，於是矛盾成爲歷史發展的動力，歷史的進步則來自於對前一個時代的否定。唐君毅也批評黑格爾不知文化發展有在矛盾與否定之外的其他發展途徑。他認爲中國學

15　張廣達：〈唐代的中外文化匯聚和清末的中西文化衝突〉，收錄於《中國傳統文化再檢討》
　　（臺北：谷風出版社，1987年），頁214-215。

16　唐君毅：《中國文化之精神價值》（臺北：正中書局，1991年），頁1-2。許倬雲認爲，中
　　國的「天下」格局，多元而漸變、共存而不排他。歐洲則多個族群之間有長期的矛盾，主要
　　是因爲新進的族群凌駕於當地人之上，成爲「貴種」，其間沒有融合各種族群的機制。歐
　　洲的核心又不斷轉移，加上單一眞神的信仰，具有強大的排他性，因此族群衝突至今不能消
　　滅。許倬雲：《華夏論述：一個複雜共同體的變化》，頁59-60。

術思想之發展雖然也多有新朝矯舊朝之偏，如漢之革秦、魏晉之異於漢、唐之反魏晉、宋之薄漢唐、清之非宋明。但是此一新朝反舊朝，總是必會溯源於先秦之傳統文化。所以中國有「經」此一傳統作爲常道而不變，而子史可變；經的解釋可變，但以經義正子史之精神則不變。這種文化上反本復始之意識，與西方人向上、向未來、求綜合相異相反之文化上的矛盾，爲二種不同之精神。總之，唐君毅認爲，中國文化有一中心之支柱、文化之大統。[17]

　　唐君毅和牟宗三一方面認識到中國文化內部也有多元異質的成分，另一方面還主張有一不變的常道，或如牟宗三在《歷史哲學》中所說的形而上的「精神實體」。當代新儒家對中國文化的詮釋，有很強的道統信念，也是此一信念推動他們完成了中國文化現代化闡釋的歷史任務。此一歷史哲學的詮釋替二十世紀初年梁啓超、孫中山等政治理論家所形塑的中華民族國族意識，進一步提供更深入的理論基礎。統括來說，以唐、牟二先生爲代表的當代新儒家將文化視爲在本質上必須不斷地追求理性精神生命超越向上之道，文化意識是否暢通健順與民族國家的興亡密切相關。

　　在牟宗三晚年（1988年）80歲時爲他壯年所寫的《五十自述》出版作序時表示：

> 學術生命之暢通象徵文化生命之順適，文化生命之順適象徵民族生命之健旺，民族生命之健旺象徵民族魔難之化解。[18]

17　唐君毅：《中國文化之精神價值》，頁12-20。歐洲也常溯返希臘羅馬的古典精神以求文化創新，因之而有文藝復興、啓蒙運動。尼采既是歐洲文明的批判者，然而出身於古典語文學家，他也是希臘羅馬文化熱情的擁護者。文化上的返祖現象應是東西皆然。

18　牟宗三：《五十自述》（臺北：鵝湖出版社，1989年），頁2。

牟宗三的一生便是「學問的生命」，用一己的學思貫穿打通中西文化
對話的途徑，苦心孤詣地爲民族與文化意識的主體性挺立，鑄造了一
套精深博大的理論偉構。唐、牟二先生都深切意識到，傳統中國文化
要能通過現代化的挑戰，一定要吸收西學，不論在語言的使用上，在
思維方式上，兩人的學思都以融匯中西的方式，一方面確立民族文化
的認同，另一方面也回應西方文化的挑戰。因此，他們的哲學任務有
種內在的衝突性有待說明，也就是主體的一元性和交互主體的多元性
如何協調的問題。

　　《五十自述》中有一段論「學」的話，描述「學問的生命」當中
所包含的一條艱困、曲折的自我完成之路：

　　　　學是在曲中發展，不斷地學即不斷地曲。在不斷的曲與
　　　　「曲之曲」中來使一個人的生命遠離其自己而復回歸於
　　　　其自己，從其「非存在的」消融而爲「存在的」，以完
　　　　成其自己，這個道理說來只是一句話。然而現實發展
　　　　上，卻是一長期的旅行……[19]

牟宗三這段話十足鮮活地描述了他個人生命同時是文化生命在現代化
過程中的自我轉化歷程。此處的「學」既然是一種離開「存在的」
狀態的「曲折」之學，便已不再得恪守在傳統意義下的「爲己之
學」，而必須辯證地轉出具有知識客觀性的另類生命及其學問。

　　當代新儒家認爲，清末以來的中國，國勢衰敗之因是明亡之後傳
統文化愈趨墮落的結果；另一方面又認識到西學中的民主、科學確是
傳統中國文化不足之處，應予吸收消化。然而吸收消化西學之道又絕
非僅在器物制度的層面，而必須進至精神文化層面。因此，唐牟二人

---

[19]　牟宗三：《五十自述》，頁2。

皆在其哲學著作中盡力溝通中西哲學，其中又以牟宗三的成就更爲卓著。牟宗三透過英譯完成了康德三大批判的中譯，多年講述亞里斯多德等西方哲學的精華，這些吸收西學的工作又聯繫著他的中國哲學的重建工作。牟宗三在五十歲之後的著述，便是此一由「存在的」、「生命的」學問中走出，透過西學的翻譯、講授，乃至會通康德與儒家，又兼一一判定儒釋道三家的分際，將傳統中國哲學以西方概念思考的形式全幅展開。此一哲學工作的確如牟宗三所說，是一段文化生命的長期旅行。

四、跨文化脈絡中的同一與差異

從晚清到當代的儒學發展，隨著時代的變動在不同階段展現出繁複多樣的面貌，然而在變異中有個不變的主題即是：如何回應現代化的挑戰。十九世紀下半葉歐洲與日本挾其現代化成果，實行帝國主義擴張策略，接連戰敗的中國被迫加速現代化。清末之際秀異知識分子的共識是吸收西學的必要，關鍵的爭議只在於如何調配取捨中西文化。1895年甲午戰後政治體制的變革要求更形迫切，中國已面臨存亡斷續之秋，只有透過對舊制度的改良或革新才能擺脫列強的侵略。自晚清以來，秀異的知識心靈廣泛研析當代中國處境與中西政治經濟思想，既有傳統儒者的仁者胸懷又開放地吸收西學大膽提出改革中學的方案。各式回應現代化挑戰的方案和政治形勢的發展也密切相關，從中體西用到全盤西化，以四書五經爲治世典要的傳統儒學一再被迫退出知識權力的舞台，民主、科學等現代化要求佔得上風。

到了中國共產黨取得政權，1949年後在中國大陸儒學正式被判定爲封建反動思想，自五四以來「打倒孔家店」等激進反傳統勢力成爲主流，儒學的傳承隨著國民政府的流亡到了臺灣，以及仍受英國殖民統治的香港，形成了所謂港臺當代新儒家。唐君毅在香港，牟宗三、徐復觀在臺灣，懷抱著近乎喪國之痛的憂思，踵繼其師熊十力及前賢梁漱溟、馬一浮等前賢的志業，以開創性的學術研究在港臺延續

儒家文化的火種。

　　然而自1990年代後，中國大陸逐漸形成國學熱，大陸學者開始吸收港臺新儒學豐碩的研究成果，隨著政經實力的崛起，大陸的儒學研究出現了前所未有的榮景。百年前被迫走上西方現代化道路，如今已然失去制度依託的儒家文化傳統，隨著中國國勢的崛起，西方現代性及其制度是否適用於中國的反省再度成為議題。回歸儒家思想進行制度性的重構成了一個選項，部分儒學研究者想據此建立更具主體性的中國模式，同時回應西方現代性所引發的困局。這一波大陸儒學的新思潮，試圖走一條和港臺當代新儒家不同的思想道路，要求學術工作與政治實踐更為緊密的關係，其中有承擔與開創的氣魄，尤其對於制度化儒學的探討有重要意義，但是也潛藏著若干令人憂慮的思想傾向。

　　自晚清以來的儒學動態一波三折，受到現代化衝擊形成的發展動力牽引著儒家文化在中國大陸、港臺的發展樣貌。1949年後累積達半世紀以上的港臺儒學研究，形成以唐君毅、牟宗三、徐復觀的著作為詮釋對象的文本研究，但也逐漸跟政治社會的脈動脫勾。反觀中國大陸，在追求民族復興的民族主義浪潮下，儒學研究逐漸成為形塑文化認同的重要力量。官方意識型態也悄悄從馬列社會主義教條偏移開來，為了尋求「中國特色」讓社會主義不僅可以染上儒學色彩，召喚儒家文化藉以凝聚民族認同的態勢也昭然若揭。三十多年來，大陸儒學的發展從吸收港臺儒學研究到自立門戶，出現新一波的動力，儒學再度成為經世致用之學。相較而言，港臺儒學的文本研究，雖然與當代新儒學宗師唐牟徐有更緊密的傳承關係，但就儒者關懷現世、兼善天下的本懷來說，如何展現回應時代脈動的思想任務，是港臺儒學研究者理當反思的課題。儒家文化近二十年來在當代中國的再度興起，是否仍應像當代新儒家在二十世紀中葉為自己所設定的時代任務，把儒家視為民族文化主體性挺立的價值根據或思想資源？

　　就東亞文化圈來說，儒學的普遍性與國族認同未必有緊密關聯，反而具有一種對不同的語言與歷史文化的開放性。回顧歷史，儒學在

多元的地域文化的交流上，不論是從春秋戰國的起始階段，或在後來與佛道等長期的互動中，都看得到它的普遍性正是來自於對多元文化的開放性，這點也可在唐牟等人的著作中得到印證。

　　爲了吸納西方的知識傳統，牟宗三在譯出了康德第一與第二批判之後，寫出了《現象與物自身》，並在該書提出重要主張，認爲中國傳統三教之學，可以將康德既有之洞見加以充分說明與證成。如同在《歷史哲學》、《現象與物自身》中的「精神實體」仍是作爲文化的主體性，它是由道德意識所顯露的「自由無限心」。此一「自由無限心」可以證成康德所無法清楚說明的「物自身」，也就是不再只當成一隱晦的「限制概念」，而是具有價值意涵的形上實體。如前所述，面對西方的挑戰，中國性命之學不能單單停留在此一內在自足之境，必須曲折地轉出一學問的生命，因此牟宗三認爲，應當由「自由無限心」辯證地開顯出一「知性主體」。他運用佛教「執」與「無執」這一對概念來說明「知性主體」和「自由無限心」之間的關係。牟宗三表示，「自由無限心」本身是物之在其自己，也就是無執的，但它可以經由「自我坎陷」[20]，「執持它自己而靜處一邊」，成爲認知主體。由「自由無限心」此一形上實體所開的存有論爲「無執的存有論」，可證成康德的「智的直覺」與「物自身」；由「知性主體」此一現象的識心之執可開出現象界的存有論，牟宗三稱之爲「執的存有論」。[21]

　　我們可以看到牟宗三面對外來文化的異質性時，一方面採取兼容並蓄的開放態度，並且在哲學的層次上安排其理論的分際；另一方面則堅持文化的主體性，此一文化的主體性又以儒家的道德意識爲本位。從《歷史哲學》到《現象與物自身》，乃至晚年譯出第三批判、寫出《圓善論》等具有判教性質的著作，相同的立場皆未動

[20] 詳細的說明在牟宗三：《現象與物自身》第四章，頁121-181。
[21] 牟宗三：《現象與物自身》，〈序〉，頁6-7。

搖。牟宗三的下半生正處二十世紀的下半葉，他竭盡心思挺立了文化的主體性，同時創造了當代中國哲學的恢宏體系。時勢運會所至，這半個世紀隨著資本主義全球化，東亞、中國先後崛起，政治經濟不再由歐美強勢主導，亞洲在全球扮演著愈來愈吃重的角色。此一情勢的轉移在某方面看來似乎正是挺立中國文化主體性的大好時機，中國大陸不論中共當局乃至學界民間，對儒家文化傳統從早期的批鬥於今一轉而為積極的宣揚，這或許既是唐、牟二先生乃至當代新儒學研究者所樂見的儒家文化復興的良機，但也可能隱藏著被民族主義者利用的危機。儒家思想是華夏文化具有統合力的關鍵，當代新儒家以其洞見慧識與深心悲願，在文化存續的關鍵時期做出巨大的貢獻。然而，文化的凝合與民族國家的國族認同不必是必然的關聯，二十一世紀的人類得再度思考民族國家之間的競爭與對抗，如何不要陷入文明之間的敵我衝突，倘若儒家文化的復興與民族主義的情感動員結合，甚至淪為中西對抗的工具，那麼華夏與儒家文化本具的跨文化活力將會消失。春秋戰國時期形成的開放的天下理想秩序，可能具有突破民族國家限制的思想潛力，現今探究儒家思想的任務不當被導引向錯誤的方向。

　　以道德意識為首出的「精神實體」此一概念被牟宗三賦予了文化上的同一性與形上的根源性，它力圖為民族文化建立同一性與主體性。然而此一同一性與主體性，不論是華夏、漢族或中華民族的稱謂，都是在歷史中與文化上差異的他者的交遇中出現。民族文化主體的同一性始終就包含著歷史的差異性與多元性，不論是在華夏文化成形之際如周初的「德」，或者孔子的「仁」，它們理當是具有開放性的文化概念，足以肯定文化自身與他者的差異性力量。換言之，當代儒學即使仍然主張「普遍的道德實在」、「普遍的精神實體」是華族在多元文化交會中仍能維持文化同一性的核心觀念，如何思考同一與差異的關係將是不可迴避的課題。

　　「同一性」（Identität）此一概念在當代西方思想中可謂處境堪憐，儂希（Jean-Luc Nancy）說：「『同一性』許久以來早已被折磨

得傷痕累累，或者乾脆加以改造、推延、塑造或轉化。」[22]包括了民族、國族的同一性在當代幾乎受到普遍的質疑。[23]牟宗三用「精神實體」此一帶有笛卡兒主義與黑格爾哲學色彩的概念，讓他的文化哲學較難擺脫同一性思維的限制，也不利於說明文化與歷史現象中複雜的同一與差異的弔詭關係。其實，在牟宗三對儒家思想的許多詮釋中也一再強調「仁」、「感通潤澤」[24]的面向，只是他習於用普遍的道德「意識」此一具有意識哲學意涵的詞語來說明。若採同情理解的角度，可說這是牟宗三借用他所看重的西方理性主義哲學語彙而不得不有的拖累，在他的中國哲學詮釋中所謂的「意識」、「精神」、「主體」並不必然預設了身心二元論或主客二分思維。只要更多地對「感通潤澤」、「體證」等思維方向加以延伸詮釋，如杜維明所闡發的「體知」、楊儒賓提出的「儒家身體觀」、「踐形」等相關詮釋，都有助於說明儒學如何一方面借用西方哲學概念，但同時避開西方理性主義哲學同一性思維的限制。[25]

倘若我們恰當理解牟宗三「精神實體」此一概念是以「感通潤澤」的仁體作為義界的根據，那麼「精神」便不是與「物質」或「身體」在能所與主客關係中相對立的二端，而是在「與物不隔」的一體之仁中肯定差異（而非取消差異）的「內在多元主體」。倘若「一」並非僵死的一，而是如牟宗三所說「即寂即感」、「即存有即活動」、活潑的「活理」，而非靜態不動的「存有」、「實體」。那

[22] Jean-Luc Nancy, *Identität. Fragmente, Freimütigkeiten*, aus dem Französischen von Richard Steurer, Wien: Passagen Verlag, 2010, S. 52.

[23] Jean-Luc Nancy, *Identität. Fragmente, Freimütigkeiten,* S. 51-71.

[24] 在《歷史哲學》中牟宗三表示：「仁以感通為性，以潤物為用；智以覺照為性，以及物為用。」見牟宗三：《歷史哲學》，頁178。

[25] 又如黃冠閔在詮釋牟宗三的感通論時，也指出牟宗三的感通論與當代法國現象學家昂希（Michel Henry）聯結的可能性。黃冠閔：〈牟宗三的感通論：一個概念脈絡的梳理〉，《中國文哲研究通訊》第19卷第3期（2009年），頁83-85。

麼即一即是多，一多之別可以是弔詭地同一的關係。

　　牟宗三在《心體與性體》討論程明道〈識仁〉篇時表示，明道引醫書所言「手足痿痺爲不仁」，正是要反顯仁之實義爲「感通無礙」。[26]仁體是否感通，不僅可用身體隱喻地說明，非對象意義的身體，更關乎生命的直接呈現。牟宗三雖使用「物自身與現象」之超越的區分，卻未必定然要囿限於康德的分別，也可以承認現象學意義下「非對象性的呈現」如何可能的問題。[27]儘管「精神實體」此一詞語有明顯的笛卡爾（及黑格爾）哲學色彩，但是當代德國現象學家瓦登費爾斯（Bernhard Waldenfels）認爲，即使笛卡爾二元論行不通，然而順著他的思路來想身體的問題，未嘗不能展開一條銜接當代身體哲學的思路。他說：

　　　　精神是能見者，卻不可見；事物可見，卻不能見。我們的「身體生命」（Leib）卻恰恰不是以這種二元論的模式來運作。一方面，身體統合了兩者：看和被看、聽和被聽、觸和被觸、推動和被推動。另一方面，看和被看卻又從來不能同時並存，就像「我思」（cogito）和「所思」（cogitatum）的預設一般。……它自我關涉又自我迴避。[28]

雖然在牟宗三慣用的表達中，身體、物質、現象常常與心靈、精神、本體兩兩相對，但是它們也可以在與物無隔的「眞實生命」中一體呈現爲「物之在其自己」。如他在《心體與性體》的序中引王龍溪

26　牟宗三：《心體與性體》第2冊，頁220。

27　黃冠閔：〈牟宗三的感通論：一個概念脈絡的梳理〉，頁81-86。

28　Bernhard Waldenfels, *Gundmotive einer Phänomenlogie des Fremdem*, Frankfurt am Main: Suhrkamp Verlag, 2006, S. 78.

的話：「悟道有解悟，有證悟，有徹悟。」又說：「理性之了解亦非只客觀了解而已，要能融納於生命中方爲眞實，且亦須有相應之生命爲其基點。」[29]牟宗三眞正看重的是「生命的學問」，亦即認爲哲學慧解與身體生命有其眞切相關性，在思考中被區分的身心二端，必須在身體性的踐形活動中統合地展現哲學的慧解，否則只是虛言戲論。從這個角度來說，牟宗三所言的「精神」其實涵著「身體」，作爲實體義的「精神實體」，也絕非思辨形上學中臆測的形上學實體，而是要在工夫實踐中親證實行的生命實存與文化實踐。

在「曲之又曲」的學思中，未嘗不是一條回歸生命自己的統合之路。「身體」與「我思」，既能互相關涉也會歧異違抗。不論是個體生命或文化生命，陌異性可以豐富、加深我們原先所熟悉事物、經驗的理解，也會不斷衝擊原有經驗，造成擾動、誘惑、怖畏，它甚至超出我們原先所有的預想。[30]瓦登費爾斯主張，在思考跨文化性的問題時，屬己的與陌異的文化兩者具有內在交織的關係。在我們以爲最熟悉的自身當中，居存著最陌異的他者。兩者既親密整合，又彼此拮抗。他說：「倘若屬己的和陌異的彼此交織，這同時意謂著，陌異性是來自於我們內部而非外部。換個方式來說，我們從來就沒有完完全全地貼近自己過。」[31]

牟宗三也見及「身體生命」內在陌異的面向，並肯定此一陌異的生命表現也有其價值與作用。在《歷史哲學》中，牟宗三所用的「生命」此一詞語，與身體現象學的「身體生命」也有會通的可能，他說：「生命者，非理性者也。在其滋長、衝動中，失禮之事乃不可免。」[32]牟宗三這段話描述的是春秋時代周道之衰，各諸侯國離

29　牟宗三：《心體與性體》，第1冊，頁1。

30　Bernhard Waldenfels, *Grundmotive einer Phänomenlogie des Fremdem*, S. 7-8.

31　Bernhard Waldenfels, *Grundmotive einer Phänomenlogie des Fremdem*, S. 118.

32　牟宗三：《歷史哲學》，頁83。

禮失本的情況。他引《史記‧太史公自序》云：「春秋之中，弒君三十六，亡國五十二，諸侯奔走不得保其社稷者，不可勝數。察其所以，皆失其本也。」並繼而表示，準此而言，春秋確爲衰世而無疑。然而，自周初封建諸侯至周平王東遷，已歷三百年。牟宗三認爲，周衰而各國起，各集團生命不能不有其各自之表現。即便是假仁假義，有尊王之名而無其實，但仍共尊周文而不替。由此可見，春秋三百年「不可盡謂之爲衰世」，其中有周文之餘波蕩漾、文化理想之提揭。特別是由齊桓公與管仲所成就之春秋霸業，在尊王攘夷中有文化理想，救邢存衛有存亡繼絕之功。周道雖衰，然周文未盡廢，所以有齊桓、管仲能在周文之教養中盡其才情。牟宗三因此說：「管仲桓公不可及也……文化程度極高，富人情味，生命寬裕而暢達。故不把持而能相安。有限度，有分寸，而與人爲善。」[33]即使是在君臣相弒、諸侯不保社稷的時代，牟宗三認爲周文雖徒具形式，但其文教遺風仍在，文化的陶養在貴族生命的底層仍未流失。生命雖不全在文化理想的浸漬中滋長，而有失禮、衝動，但畢竟有教養，能盡才情。

　　只要是落於現實歷史之中，生命的表現便有曲折，春秋時的齊桓管仲如此，周初時的武王何嘗不是如此？對牟宗三來說，超越的「精神實體」必然得在具體的歷史中展開。若是如此，「精神實體」該當涵容著「身體生命」的陌異性，光明的「精神實體」其自身內部必然要肯定的幽黯難解的陌異身體。不論是個體生命或文化生命，無不在此一光明與幽黯、精神與身體的內在交織中，辯證交錯地展開其生命歷史。

　　「仁」若是超越而普遍的人文理想，「禮」便是此一人文精神具體落實於曲曲折折的人間之道。牟宗三認爲，孔子文化生命之展現「必根於仁而貫通著禮。此與耶穌、釋迦，絕然不同。」[34]此一

33　牟宗三：《歷史哲學》，頁83-85。

34　牟宗三：《歷史哲學》，頁90。

不同便是積極而正面地肯定現世人文世界的意義。這也是儒道的分別。牟宗三認為,道家與隱者的生命自隔於現實世界,「精神與現實隔離,則精神只有進入夢境:文化、價值、理想,個性皆非其所有。」[35]尤其是遯世的隱者,因其生命不能肯定差異的必要性,所以不能走入幽黯曲折的歷史,因此「冷處以心死,而遊離其精神於清涼之境也」。[36]由此可以推知,牟宗三當不必否認超越的「精神實體」能通向內在多元、陌異曲折之「身體生命」。對生命之歷史性、差異性之肯定,正顯示儒之所以為儒,直面此一曲折性才不會迴避自身、「冷處心死」,離開自己是為了完成自己、實現自己。文化主體的同一性是在歷史中不斷容受自身與外部的差異性而流變成形,否定差異的同一性是文化衰敗的標誌,只有肯定差異才能讓文化在有彈性的同化作用中,尊重每個個體的獨立性,並在相互承認中聯結成具有一體感的文化共同體。

---

[35]　牟宗三:《歷史哲學》,頁89。
[36]　牟宗三:《歷史哲學》,頁89。

附錄二

跨文化張力中的儒家政治思想——康有爲與孫中山的現代化方案與大同社會理想

一、前言

　　十九世紀下半葉歐洲與日本挾其現代化成果，實行帝國主義擴張策略，接連戰敗的中國被迫加速現代化。清末之際秀異知識分子的共識是吸收西學的必要，關鍵的爭議只在於如何調配取捨中西文化。1895年甲午戰後政治體制的變革要求更形迫切，保皇派的康有爲與革命派的孫中山分別主張君主制與共和制，然而他們對中國現代化的願景則相當一致，都追求民主自由、社會平等，他們政治思想的來源除了西方之外，還有個相當重要的共同出發點，即是儒家的大同社會理想。本章以康有爲與孫中山的儒家思想與「大同」理念爲焦點，探討百年前的知識分子如何構想一個以儒家理想社會爲目標來因應現代化挑戰的方案。

　　儒家思想從春秋戰國以來，尤其是在遭遇時代變局與文化困境之際，屢屢絕處逢生再創新局。在破敗中重塑文化再生力量，既聯結傳統資源又吸收新知開放創新，此一文化自我更新的能力始終是儒者實踐的特性──自孔孟以來如此，面對佛老挑戰的唐宋儒者如此，清末的知識分子亦然。假如儒學有個道統，它是在既斷裂又連續的歷史處境中，以開放的態度來涵融多元文化，在內外交迫的文化張力中生發創造力的跨文化思想。二十一世紀的今天，文化保守主義與民族主義不僅未成昨日黃花，由之引起的爭端在歐洲與東亞再度興起，自由與平等的政經矛盾對民主社會的威脅與日俱增，追求自由民主、社會平等的理想與傳統文化的認同之間的關係錯綜複雜，要梳理蘊涵其中的矛盾糾結，是否可能藉由回顧百年前中國知識分子的現代化方案獲得啓示？

　　中日甲午戰前，中國對日本現代化的激進政策並不欣賞，當時的主流方案是「中體西用」，只引進西方的機械、技術，而不打算採取日本所謂的「文明開化」，即捨棄舊制度、文化，全面向西方學

習。當時中國的菁英似乎認為，日本因為沒有值得保守的偉大文明才會如此冒進輕率。但甲午之戰敗得徹底而屈辱，證明洋務運動並無實效，對上向西洋人學習的東洋人尚且如此不堪一擊，遑論要趕上歐美列強。康有為的變法、孫中山的革命都和甲午戰敗有密切關聯。中國已面臨存亡斷續之秋，只有透過對舊制度的改良或革新才能擺脫列強的侵略。[1]甲午之戰節節敗退，上書李鴻章遭拒，改革無望的孫中山於是在檀香山與香港建立了興中會，決意推翻帝制、創立共和。1898年康有為則以明治維新為榜樣積極推動戊戌變法，以因應「三千年未有之大變局」。孫中山、康有為或許並非典型的儒家學者，但是他們均懷儒者救世之心，身處變局亟思回應之道，在理想社會的構作上都以孔子的大同世界為依歸，並且憑藉融鑄中西、調和古今的思想與實踐，啟動了中國現代化最為關鍵的一步。康、孫兩人的手段（改革／革命）和目標（立憲／共和）均有差異，但是在政治理想上，都主張建立現代意義的民主國家，並追求儒家大同社會的實現。改良主義的君立立憲和武力反清的共和革命這兩股追求變革的現代化思潮，雖然勢如水火，但是他們之間構成具有衝突性的張力卻也互相滋養，共同推動了中國政治的現代化進程。孫中山提倡革命效法的是「湯武革命」，至於擁護君主立憲的維新思想家則聲稱，中國早在堯舜禹三代就實行過君民共主的君憲制度。[2]革命派和維新派在吸

1　〔日〕佐藤慎一著，劉岳兵譯：《近代中國的知識分子與文明》（南京：江蘇人民出版社，2006年），頁71-74。

2　孫中山在香港西醫書院的老師何啟便有這樣的想法，參見莫世祥：《中山革命在香港》（香港：三聯書店，2011年），頁27。至於何啟所倡導君主立憲更是直接啟發了孫中山的革命思想。當時何啟主張「君民共主」，倡議君主立憲以改革中國政治。孫中山則是到了1903年才正式與保皇派絕裂，反對擁護帝制而主張推翻滿清建立共和政府。啟發孫中山革命救國的思想來源雖然很多，包括了他早年津津樂道的洪秀全、在夏威夷與香港親聞西學與西方制度的優異、甲午戰敗的直接衝擊等，但是最能提供孫中山思想養分的仍是當時的維新思想家。若非兩次上書李鴻章末有下文，孫中山恐怕未必會愈來愈堅決地排滿反清、主張革命。關於何啟等維新知識分子的君憲主張與孫中山在香港時的政治思想，請參前揭書，頁19-60。

收西方民主思想的同時，都仍然深信中國的古代儒家思想有其優越性而不可取代，因此常有「西學中源」的比附之說。溯源儒學以融會西學，基本上是當時維新派與革命派的共識。

　　儒家思想在康、孫的現代化方案中雖然具有關鍵性的地位，但在他們之後，五四反傳統文化的思潮佔了上風，毛澤東的文化大革命更進一步要全面摧毀傳統文化。國民政府在臺灣的中華文化復興運動雖然帶有政治目的，但至少在形式上爲傳統文化保留了一線生機，當代新儒學研究能在臺灣開花結果，跟民國文化在臺灣綿延不斷的歷史條件當有關聯。民主化的臺灣雖然早已遺忘了孫中山的終極理想，大同世界彷彿只是烏托邦的幻想與口號。然而臺灣被掩蓋的優勢與潛能，或許正是克服當前政經困局可資憑藉的關鍵之一，意即在歷史的機遇中有意無意地仍然保有接通古典儒家資源的能力，同時又堅持民主共和的政治理想。康孫的理想不能在百年前落實，但有機會在臺灣得到實現，並且成爲東亞社會發展的重要參照。然而，跨文化的思想交錯既帶來多元交融的創造力，卻也可能因爲多元力量的衝突，使文化整合發生困難。康有爲、孫中山的現代化方案雖然不同，但指向大同社會的理想一致，此一終極理想的落實，仍得克服內在思想的矛盾。正視此一矛盾，是讓儒家的王道精神與大同主義超越烏托邦式的宣言，落實於政治作爲的重要工作。

二、虛構的真實──《春秋》學與大同理想

　　《春秋》是記載魯國自西元前八世紀至五世紀的史書，這樣一部歷史記實之書爲何具有超越時代意義的規範性？對康有爲來說，這是因爲表面看來是魯國一時一地之史，經過孔子修史的春秋之筆，便成爲具有普遍價值的經書。換句話說，魯史已經不限於經驗性的敘事，更具有超越性的規範意涵，經由孔子的規範性史觀，讓上古虛擬的大同之治，不因爲它不曾存在就沒有意義。康有爲如此稱述《春秋》大義：

「三世」為孔子非常大義，托之《春秋》以明之。所傳聞世為據亂，所聞世托升平，所見世托太平。亂世者，文教未明也；升平者，漸有文教，小康也；太平者，大同之世，遠近大小如一，文教全備也。大義多屬小康，微言多屬太平。為孔子學，當分二類，乃可得之。此為《春秋》第一大義。[3]

　　照三世進化之說，文明的進程該當由據亂世提升至升平世，但時代的推移竟是每況愈下。可見《春秋》未必如實道出史實，而是聖人在史書中依託了理想社會的藍圖，他把理念以隱微的筆法注入「事實」，甚至創造出虛構的真實來寄託理想，這是「經」才有的「微言大義」，一般意義的史書因為只記實，不可列入「經」。至於「傳」，則因為可以正確闡明聖人理念，和「經」享有同等的價值位階。康有為是今文學派，認為東漢以後推崇的《左傳》等古文經都是偽書，不可採信，所以他依《公羊傳》來闡揚《春秋》及孔子的聖王之道。[4]

　　古文經學重《左傳》，以《春秋》為史，推到極致便是章學誠「六經皆史」的論斷。章氏重周公甚於孔子，孔子因而與諸子無別。古文學家堅持孔子述而不作、經史無別。六經為先王之制，周公是集大成者。清代今文經學派則認為六經為孔子所作，他們的出發點則為公羊，尊《春秋》為經，目為治世之典。康有為認定《春秋》為素王孔子改制的微言大義，視六經為孔子所定律例。今文經學以《春秋》為中心且視為六經之首，康有為論《春秋繁露》時說：

3　康有為：《春秋董氏學》卷2，收錄於《康有為全集·第2冊》（上海：上海古籍出版社，1990年），頁671。

4　參見〔日〕佐藤慎一著，劉岳兵譯：《近代中國的知識分子與文明》，頁86-87。

「春秋非詩書禮樂可比，詩書禮樂略而不詳。」[5]康有爲之所以高抬《春秋》，跟清代經學研究的內在動力有關，清中葉以後今文經學復興，到了晚清倡導變革的公羊學家便探究先王典制以爲變法改制的藍本。由於禮義與律法的重構比心性天命之學更受清儒重視，既然《春秋》並非單純的史書，而是內蘊聖王政事典律與道德規範，因此康有爲便在清代經學的脈絡下探究《春秋》，以考察先王政典與孔子的變法理論。[6]

　　《新學僞經考》和《孔子改制考》這兩部被清廷一再查禁銷毀的禁書，是康有爲維新變法的思想基礎。《新學僞經考》批判古文經學，力圖還原（或塑造）孔子爲假託三皇五帝的德治以革新現實政治的改革者，而非述而不作的守舊者。《孔子改制考》則具體闡明孔子如何改制立度，並在其中宣揚興民權、限君權的思想，爲維新變法尋找歷史與理論的根據。《孔子改制考》一書序言屢次提及大同太平之治，並且認爲這才是《春秋》行仁救民之制，然而後世僞經出，又有佛老之雜，太平大同之義因而未彰。[7]

　　康有爲一方面承認中國與西方各國相較，文明化的程度顯然落後，但是文明的進化卻不能只靠模仿西方，他主張眞正進化的基準還是在於孔子，大同之世不過就是實現孔子在經書中所傳達的理念而已。換言之，表面上看來，康有爲提倡民權似是主張西化，其實他以爲西方的民權在孟子的民貴思想中早已蘊涵。但是孔孟之道既然古已有之，爲何中國沒有在二千多年前就邁進理想的文明社會，還會落後於西方呢？康有爲主張，原因就在於劉歆僞造了古文經書，遺害了漢代以後的學者，使儒學的眞義埋沒了二千多年。變法的目的，就是要

5　康有為：《萬木草堂口說》「春秋繁露」條，收錄於《康有為全集‧第2冊》，頁383。

6　汪暉：《現代中國思想的興起》上卷第二部，《帝國與國家》（北京：生活‧讀書‧新知三聯書店，2008年），頁498-501。

7　張耀鑫、劉媛：《康有為大傳》（臺北：五南圖書，2014年），頁57-70。

拯救生民於黑暗之中，一掃二千多年來的迷妄，因此變法就不能不是
狂風驟雨式的全變。[8]

　　康有為的政治思想有兩個目標，近程是建設富強的中國，遠程是
以大同理想來克服西方列強的禍亂。問題是要實現這兩個目標所依據
的實踐方法與思維規則是否相同？孫中山的目標與康有為相同，但是
在實踐的策略與思維上的衝突與矛盾，導致兩人終難合作。當中國
從天下的中心成為列國中的一員，甚至是資本主義與強權政治的邊緣
時，如何在理論上重構儒家思想，使其普遍主義的大同理想不只是烏
托邦空想，而具有可落實的社會基礎，成為康孫等當代中國知識分子
的難題。

　　甲午前夕（1894）孫中山曾有意與康有為合作一同救國。他那
時已從香港西醫書院畢業，並在廣州以行醫的名義招攬革命志士，當
時康也正巧在廣州講學。透過一家藏書樓樓主左鬥山，孫想與康結
交，康的回應是，要訂交宜先具門生帖拜師乃可。孫中山認為康有為
妄自尊大，卒不往見。後來在日本，革命派和維新派曾有短暫合作機
會，但是1896年6月光緒下詔維新，康有為得到重用，儼然以帝師自
居，並去信要求他弟子徐勤停止與革命黨人合作，以免牽連維新變法
事業。對革命黨人而言，康有為與革命黨的疏遠是得勢後的小人行
徑，放棄共和與異族帝王合作，則是變節分子。康孫不能合作，除了
為人風格[9]與機會等外緣因素外，還有更深層的原因。雖然兩人都嚮
往儒家大同社會的理想，並努力吸收西學以救亡圖存，但是思想上的
分歧所形成政治立場的差異更為關鍵。孫在甲午戰前便已有革命的計
畫，戰後更加堅定。康則始終堅持君臣之道，只願走改革之路。即使
是最後維新失敗，清廷通緝康梁已亟，受到孫中山及其日本友人之助

8　〔日〕佐藤慎一著，劉岳兵譯：《近代中國的知識分子與文明》，頁82。

9　在人格上，孫中山廓然大公，屢次相讓為國，康有為則不免有私情私意。改革與革命雖然同
．　有救國救民的遠大理想，一旦某方摻雜私意，終得分道揚鑣。

康梁得以逃往日本，但康有爲仍自認受過光緒「衣帶密詔」，不願負皇恩，始終拒絕與孫中山合作。即使孫中山表明若兩派可以聯合救國，願奉康有爲爲革命派首領，還是未能成功。維新派將政變失敗歸諸慈禧，之所以失敗後仍不願與革命派合作，乃是因爲康有爲認爲，要推翻的不該是滿清，而是后黨，即使不是和平政變，要使用武力，目標也只在起兵勤王、圍園捕后，康有爲對光緒帝不僅感恩而且深寄希望，乃至於以爲光緒可勝堯舜湯武。[10]

　　康有爲深受儒家君臣忠義思想的浸潤，看似已到迂腐愚忠的地步，相較之下孫中山則毫無傳統士大夫包袱。然而，康有爲對革命的忌憚尚有另一層的原因，即有懷於法國革命後的亂局，他主張歷史進程得循序漸進，從君主專制到立憲再到民主，否則即使革命成功也難穩立。驗諸辛亥之後袁世凱與軍閥之亂，康有爲確然有其識見。[11]此外，康有爲忠於光緒帝還有其深層的思想背景，他心目中變法的重心在於制度性的改革，沒有反滿的民族主義。康有爲的夷夏觀念不是絕對而是相對的，是文化的而非種族的區分。[12]因此，康有爲的大同思想具有一種突破民族國家限制的潛能，國家的共同體意識建立在文化與法律的基礎之上，[13]而不是狹隘的種族、民族意識，這一點與孫

---

[10] 張耀鑫、劉媛：《康有爲大傳》，頁170-173。

[11] 張耀鑫、劉媛：《康有爲大傳》，頁181-182。

[12] 汪暉：《現代中國思想的興起》，上卷第二部，《帝國與國家》，頁517-518。另一方面，不論是維新或是革命派都不再以血緣、地緣的關係爲基礎來建構社會共同體，即使是以正統儒學自居的康有爲，也不認爲他跨越家庭倫理所重構的天下與國家觀念，具有解構儒家政治倫理的意義。參見汪暉，同上，頁738-739。

[13] 康有爲主張立孔教爲國教，用儒家思想來凝聚國民意識，以克服國家內部多元民族分裂的危機。近年來大陸學界出現了康有爲思想研究的熱潮，背後暗合一共同的政治思想趨向，即是康有爲本諸公羊學家大一統的學術與政治立場。干春松指出康有爲思想具有前瞻性，因爲他很早便認識到如何保全中國統一是個當前依舊棘手的難題。干春松：〈康有爲的「建國方略」〉，《讀書》（2014年8月），頁113。全文頁107-114。

中山在辛亥革命成功前的態度大不相同。或許,孫也只是策略性地運用民族主義的動能推行革命,革命成功之後才揚棄了排他性的種族區分,而提出五族共和的主張,以打造一具有現代國家意義的全新民族國家。

三、未完成的革命──天下為公的三民主義

　　三民主義是孫中山的革命思想基礎與建國實踐方案,然而它是否被革命黨人理解?辛亥革命真是靠三民主義的理念宣傳得以成功,還是主要仍承續了太平天國式的反滿民族主義?孫中山當時便抱怨他的同志,心中只想推翻滿清(乃至打倒帝國主義都是以民族主義為動員力量),[14]卻忽略了三民主義必須同時完成政治民主、經濟民主,也就是說民主憲政是個關鍵,以民主為媒介的同時要解決經濟上的平等問題。孫中山晚年愈來愈留意社會主義,強調要結合農民、勞工的力量便是這個道理。[15]可惜孫太早過世,他的路線被分裂為意識型態化的極左和極右,結果是毛的中國共產黨和蔣的極右三民主義,那麼三民主義是不是未分流為左右前的一種綜合性的方案?中華民國的憲

---

[14] Karl A. Wittfogel, *Sun Yat Sen. Aufzeichnungen Eines Chinesischen Revolutionärs, herausgegeben und eingeleitet durch eine Darstellung der Entwicklung Sun Yat Sens und des Sun-Yat-Senismus*, Wien/Berlin: Agis-Verlag, 1927, S. 65, 95.雖然孫中山主張民主共和,曾抱怨同志不在意民權主義即政治民主化的問題,然而孫中山對「民主」的理解相當複雜,在組中華革命黨的時期更重視絕對的服從,民主國家與政黨的實踐在民國初年走得跌跌撞撞,要落實民主的理念還有很長的實驗過程,孫中山在這個過程中並未堅持一貫的理念,原因可能是時勢的變化往往超出他的估計。

[15] 法蘭克福的漢學家魏特夫(Karl A. Wittfogel)主張孫中山不是社會主義者,而是「資產階級的變革者」(bürgerlicher Reformer)。Karl A. Wittfogel, *Sun Yat Sen. Aufzeichnungen Eines Chinesischen Revolutionärs, herausgegeben und eingeleitet durch eine Darstellung der Entwicklung Sun Yat Sens und des Sun-Yat-Senismus*, S. 112-137.

法與政府以它爲根據，蔣介石的國民黨政府自認是孫中山總理的唯一的法統繼承者，毛澤東則推崇孫中山是革命的先行者，並自命爲新三民主義與眞三民主義的實踐者，以與僞三民主義及半三民主義相區別。[16]《三民主義》曾經被意識型態化，並成爲政爭的工具，但是其思想資源是否眞的被充分理解與開發？

　　孫中山所領導的革命建立了亞洲第一個民主共和國——中華民國，他的革命思想包含了民族主義的自決思想、民主主義的自由思想與民生主義的社會思想。[17]雖然三民主義的思想在國民黨政權統治臺灣的歷史中曾經被意識型態化而顯得過時，但中華民國的憲法的確是以三民主義思想爲核心，在中國政治現代化的歷程中扮演了關鍵的角色。然而，三民主義思想眞的過時了嗎？在它的思想架構中，除了橫向移植西方的自由民主與社會主義思想，也試圖縱向聯結中國傳統儒家思想，[18]換句話說，孫中山體認到，西方的民主自由必須在地化，民主自由與儒家文化不僅不衝突而且有銜接轉化的必要。然而此一想法不論在民國初年的五四運動與近三十年來臺灣的民主化歷程中似乎都未發生外顯的作用；相反地，民主自由與反傳統聯結的意象卻普遍

---

[16] 國民黨理論家陶季陶曾撰寫《孫文主義之哲學基礎》，蔣介石則手著多本闡釋孫中山思想的著作，如《總理遺教六講》、《總裁對三民主義的詮釋》等力圖證明自己是唯一正統的國父思想繼承者；毛澤東則曾經提出「革命的三民主義」及「新民主主義」，強調中共才是孫中山國民革命的正統。關於國共兩黨對孫中山思想詮釋及法統建構關係的研究請參考李金強：〈辛亥革命的研究〉，收錄於《六十年來的中國近代史研究》（臺北：中央研究院近代史研究所，1989年），頁751-809；賀淵：《三民主義與中國政治》（北京：社會科學文獻出版社，2002年）。

[17] 魏特夫認爲，孫中山的一生和他的思想就是現代中國自由運動的力量展現和困境糾結的發展縮影。Karl A. Wittfogel, *Sun Yat Sen. Aufzeichnungen Eines Chinesischen Revolutionärs, herausgegeben und eingeleitet durch eine Darstellung der Entwicklung Sun Yat Sens und des Sun-Yat-Senismus*, S. 5.

[18] Wolfgang Bauer, "Die Synthese Sun Yat-sens", in: ders. *China und die Hoffnung auf Glück: Paradiese, Utopien, Idealvorstellungen*, München: Carl Hanser Verlag, 1971, S. 476.

流行。此一表面印象即使其來有自，但要充分解釋當代華人儒家社
會在民主化歷程中與傳統文化複雜的關係，卻不能單憑表層外顯的
現象。民主在東亞社會仍有種種挑戰，孫中山思想力圖結合儒家思
想，反思當代資本主義社會自由競爭與社會平等（如貧富差距）的內
在矛盾，此一思想路對於東亞儒家社會如何調適現代化困境，以解決
自由與平等的內在矛盾，仍具有啓發性的意義。

　　臺灣在政黨政治的惡鬥陰影下，三民主義與國民黨的淵源成為它
卸不下的歷史包袱，民主化一方面雖然成功地去意識型態化但同時也
去歷史化，致使三民主義的思想潛力隱而不彰。如今，排他性的民族
主義在二十一世紀捲土重來，代議民主與政黨政治陷入僵局，自由市
場經濟弊端叢生，當代社會的病癥與百年前孫中山所遭逢的問題似曾
相識。臺灣與東亞各國雖然政經結構不同，但是儒家文化傳統都是社
會構成的重要部分。臺灣在1949年之後接收了以孫中山思想為核心
的民國文化，儒家傳統也一直活在民間社會中存續不斷，然而被日本
殖民的歷史經驗、國民黨白色恐怖、民進黨的本土化政策都讓孫中山
思想與儒家文化在臺灣的發展纏結著歷史的創傷。回顧三民主義與儒
家思想的關聯，不僅有助於清理臺灣承繼民國文化的歷史經驗，對東
亞儒家各國或許也有更為普遍的參考意義。

　　不同於康有為先有深厚的國學基底再吸收西學，孫中山早年受
西學影響較多，對四書的理解，是看了漢學家的英譯，才有相契之
感。[19]但是這並不妨礙孫中山看到西學的限制，並冀望透過中國傳

---

[19] 孫中山受的是英式教育，他也與英國漢學家翟里斯（Herbert Allen Giles）有書信往來。1916
年7月孫中山在上海尚賢堂茶話會的演講中說：「我亦嘗效村學生，隨口唱過四書五經者，
數年以後，已忘其大半。但念欲改革政治，必先知歷史，欲明歷史，必通文字，乃取西譯
之四書五經歷史讀之，居然通矣。」《孫中山全集》（北京：中華書局，1981-6年），第3
卷，頁321。筆者猜測，孫中山此處所讀譯本可能便來自翟里斯。關於孫中山演講與著作中
涉及儒家思想的部分，本章主要參考黃明同、張冰、張樹旺著：《孫中山的儒學情結——中
華文化的傳承與超越》（北京：社會科學文獻出版社，2010年）。

統文化來救治西方現代文化所衍生的弊端。《國父年譜》記錄了民國10年12月23日孫中山在桂林答俄國顧問馬林（J. F. Maring Sneevliet）的問話：

> 馬林問先生曰：「你的革命思想，基礎是什麼？」先生答曰：「中國有一個正統的道德，自堯、舜、禹、湯、文、武、周公，至孔子而絕。我的思想，就是繼承這一個正統的道德思想，來發揚光大的。[20]」

　　孫中山對傳統中國文化十分傾慕，但是既不同於康有為的托古改制，更不是復古的文化保守主義。他認為中西文化應該要兼容並蓄，因此三民主義的內容結合了西方的政治思想，並且從文化進化的觀點主張孔子的大同世界是人類政治社會的最高理想。1924年在廣州所作的民生主義演講中，他說：

> 我們三民主義的意思，就是民有、民治、民享的意思。這個民有、民治、民享的意思，就是國家是人民所共有，政治是人民所共管，利益是人民所共享。照這樣的說法，人民對於國家不只是共產，一切事權都是要共的。這才是真正的民生主義，就是孔子所希望之大同世界。[21]

---

[20] 羅家倫、黃季陸主編，秦孝儀、李雲漢增訂：《國父年譜・下冊》（臺北：中國國民黨黨史委員會出版，1994年），頁1168-1169。

[21] 《孫中山全集》第9卷，頁394。1921年的另一個演說中則說：「在吾國數千年前，孔子有言曰：『大道之行也，天下為公。』如此，則人人不獨親其親，人人不獨子其子，是為大同世界。大同世界即所謂『天下為公』，要使老者有所養，壯者有所營，幼者有所教。孔子之理想世界，真能實現，然後不見可欲，則民不爭，甲兵亦可以不用矣。」《孫中山全集》第6卷，頁36。

孫中山引用《書經》的「德惟善政，政在養民」，主張民生主義的目的在於「養民」，也就是希望解決西方資本主義在現代化的生產過程中所產生的貧富差距與失業問題。孫中山留下來最多的題字墨跡就是〈禮運〉篇的「天下為公」，他也抄錄〈禮運〉中「大同」篇章多次，孔子大同思想受到他重視的地步幾乎人所共知。他說：「民生主義就是社會主義，又名共產主義，即是大同主義。」[22]孫中山對天下為公的大同思想不只是真心信奉，他念茲在茲的是透過具體的政治手段來解決西方現代化所衍生的社會問題。

　　孫中山對儒家思想的重視不只是一種簡單的文化認同，而是希望藉著儒家的資源矯正西方政治思想的流弊。歐洲現代政治哲學的奠基者霍布斯（Thomas Hobbes, 1588-1679）對人性不信任，他提出的契約論思想影響了西方政治的發展，近代西方國家理論的形成便是以人性自利為前提而發展出來的制度性思維。孫中山似乎看到了西方政治思維的缺陷，他認為〈大學〉所蘊涵的政治哲學有很高的價值，且是西方政治思想從未思及的：

> 就人生對於國家的觀念，中國古時有很好的政治哲學。我們以為歐美的國家近來很進步，但是說到他們的新文化，還不如我們政治哲學的完全。中國有一段最有系統的政治哲學，在外國的大政治家還沒有見到，還沒有說到那樣清楚的，就是《大學》所說的「格物、致知、誠意、正心、修身、齊家、治國、平天下」那一段的話。把一個人從內發揚到外，由一個人的內部做起，推到平天下止。像這樣精微開展的理論，無論外國什麼政治哲學家都沒有見到，都沒有說出，這就是我們政治哲學的

---

22 《孫中山全集》第9卷，頁355。

知識獨有的寶貝，是應該要保存的。[23]

　　西方近代政治思想的起源因為預設人性自利的傾向，後來結合效益主義倫理學，認為追求幸福是人的普遍欲望，因此政治與法律的設計都在保障個體追求幸福的權利，在此一思維中政治哲學的思考無關乎德性與教化。雖然在古典希臘哲學如亞里斯多德的政治學中，德性仍佔了相當重要的位置，但是亞里斯多德的美德政治論對近代西方政治哲學的影響較少，到相當晚近有新亞里斯多德主義的興起，才漸漸發揮了作用。然而，孫中山在百年前看到的西方政治思想，仍籠罩在霍布斯以來的國家理論與政治哲學，他用《大學》當中治國之本在治身的話來稱揚古典儒家的政治思想，當是看到西方資本主義社會只保障個人追求利益的權利，最終導致社會上經濟的不平等，民族國家之間為爭奪利益展開的惡性競爭與帝國主義的對外侵略，凡此弊病或許正與近代西方政治思想的出發點有關。孫中山認為儒家思想可補偏救弊，應是出自切實的觀察與體認。然而，古典儒家認為從修身到治國是一個連續的過程，此一看法如何與公民（當時的用語則是「國民」）意識銜接轉化，孫中山似乎並未觸及。

　　1897年3月1日孫中山發表〈中國的現在和未來〉，詳細的解釋了為什麼必須打倒滿人政府。在他眼中，滿人政府缺乏管治效能，又毫無反省改造的意願，只知緊握權力，而由「道地中國人」（即漢人）所建立的政權會較為純潔而有效能。然而，孫中山並沒有提供好的理由說明，為什麼漢人政府就一定會較滿人政府優良；他只是一逕地把貪汙、疫病、缺糧、瀆職、官僚主義的政治與社會問題都加諸在滿人之上，排滿的民族主義修辭成了當時的主調。直到1905-1906年間，孫中山才較仔細地梳理漢滿關係和未來中國的民族構成問題。他開始主張一方面要興漢，但也強調要民族融和。愈來愈明晰的主張是

23　《孫中山全集》第9卷，頁247。

要打倒不平等的貴滿賤漢的政府,建立一個以漢人為主體但各族平等的政權。以漢人為主體並融和其他各族為一中華民族,建立一「民族就是國族」的民族國家,成了孫中山後來民族主義的思想方針。革命成功後,即使有「五族共和」的口號,但漢人本位主義的色彩仍然濃烈。[24]康有為則力斥革命黨人漢族中心主義的民族意識,他否定本質主義的夷夏觀念和漢族單一性。自北魏以來魏文帝改姓,便是否定單一民族神話的例證,「今之大姓,十九魏裔」,何來單純的「漢種」?[25]

在政治領域中究竟只有力量的折衝協調、制衡競爭關係,還是也可能平等對話、和解合作?在革命時期,孫中山顯然只相信前者,他認為要打倒因為社會制度所產生的不平等,只有通過革命的手段,他認為「革命之功用,即在使不平等歸於平等」。[26]至於保皇派主張「各國皆由野蠻而專制,由專制而君主立憲,由君主立憲而始共和,次序井然,斷難躐等」。孫中山認為此一循序進化的論調是「爬行哲學」,因為當時中國已到救國保種的存亡關頭,唯有革命才能徹底解決社會矛盾。然而,愈趨晚年孫中山愈強調仁愛互助的儒家思想。1919年在《孫文學說》中明確提出「物種以競爭為原則,人類則以互助為原則。社會國家者,互助之體也,道德仁義者,互助之用也」。[27]孔子的修己以安人、修己以安百姓,孟子的不忍人之心、不忍人之仁,形塑了儒家信奉者的政治社會理念,影響中國知識分子至為深遠,孫中山即使早年浸潤於西學較多,但在關鍵的理念抉擇上,特別可以發現傳統儒家文化發生的作用。[28]在1924年民族主義第

24　麥勁生:〈1912年前孫中山先生思想的幾條線索〉,收錄於麥勁生、李金強編著:《共和維新:辛亥革命百年紀念論文集》第四章,頁61-74。

25　參見汪暉:《現代中國思想的興起》,上卷第二部,《帝國與國家》,頁823-824。

26　《孫中山全集》第2卷,頁439。

27　《孫中山全集》第6卷,頁195-196。

28　孫中山對儒家思想的理解及其現代轉化其實也有不少問題,例如他在關於民權主義的演講中

六講中，孫中山這麼闡述中國若是強盛起來應負的責任：

> 中國古時常講「濟弱扶傾」，因為中國有了這個好政
> 策，所以強了幾千年，安南、緬甸、高麗、暹邏那些小
> 國，還能保持獨立。現在歐風漸，安南便被法國滅了，
> 緬甸被英國滅了，高麗被日本滅了。所以如果中國強盛
> 起來，我們不但是要恢復民族的地位，還要對於世界負
> 一個大責任。如果中國不能夠擔負這個責任，那麼中國
> 強盛了，對於世界便有大害，沒有大利。中國對於世界
> 究竟要負什麼責任呢？現在世界列強所走的路是滅人國
> 家的；如果中國強盛起來，也要去滅人國家，也去學列
> 強的帝國主義，走相同的路，便是蹈他們的覆轍。所以
> 我們要先決定一種政策，要濟弱扶傾，才是我們民族的
> 天職。我們對於弱小民族要扶持他，對於世界列強要抵
> 抗他。[29]

　　孫中山希望以儒家大同思想來超越西方的民族國家與帝國主義的
限制，對同是儒家文化圈內的日本也有其冀望。1925年11月28日孫
中山最後一次公開演講是受日本之邀在神戶高等女學校大禮堂演講
「大亞洲主義」（Pan-Asianism），同年4月30日，他也曾在廣州接
受日本廣東通訊社記者訪談時答說：「余企圖亞細亞民族之大同團結
已三十年，因日人淡漠置之，遂未具體實現以至今日。」孫中山主

屢屢提及堯舜禹湯文武，並且主張由賢能的人來統領「萬能政府」，聖君賢相的人治色彩
揮之不去。黃宇和：《孫逸仙在倫敦，1896-1897：三民主義思想探源》（臺北：聯經出版
社，2007年），頁406。

[29] 《孫中山全集》第9卷，頁253。

張，聯合亞洲各民族以平等為原則團結合作，發揚王道精神，反對日本走向歐洲帝國主義的侵略道路。此一主張和日本在二戰期間侵略擴張的政策——「大東亞共榮圈」（Greater East Asia Co-Prosperity Sphere）截然不同。[30]「大亞洲主義」是孫中山以儒家的王道思想跨出狹隘的民族國家界限，逐漸邁向大同世界的和平國際秩序的一個階段性理想，對當時的日本可謂諄諄勸誡。可惜日本對當時來自中國的告誡並未理會，孫中山似乎預見了民族主義走向帝國主義的災難性後果。如今中國如二十世紀初的日本，終於已然崛起，中華民族的偉大復興與強國夢背後是否真是王道精神與和平主義，還是仍是走上帝國主義的擴張邏輯？歷史殷鑑不遠，著實令人憂慮。富強崛起與和平共生是否如表面看來的相容一致？面臨關鍵利害之際，要維護的是自己的利益還是真心奉持「天下為公」的胸懷？

四、大同主義與進化論的內在衝突

康有為和孫中山想要藉由大同主義來克服優勝劣敗的邏輯，不僅在歷史的現實中是失敗的，在思想中的矛盾也未能解決。當前中國是否還停留在百年前追求富強的思考軌道上？探索康孫現代化方案的思想軌跡，會發現其中蘊涵著難以克服的思想衝突，使我們不得不懷疑，中國是否真的有另類的現代化進程，跟歐美、日本有本質的不同？康有為與孫中山共同追求的理想——大同社會，究竟只是不現實的高遠理想，還是真有落實的政治手段？或者至少有規範性的位階？天下為公的大同理想是藏天下於天下[31]而不是藏於一人、一黨。

30　李台京：《中山先生大亞洲主義研究——歷史回顧與當代意義》（臺北：文史哲出版社，1992年），頁1-7。

31　「藏天下於天下」語出《莊子·大宗師》。孟子的用語是「天子不能以天下與人」，朱熹的注為「天下者，天下人之天下，非一人之私有故也。」《孟子集注》卷9。

因此，儒家天下爲公的理想在現代國家中必然要轉型成民主政治，
這點康孫有共識，差別只在於民主形式的不同選擇。眞正的難題在
於，大同主義追求解除壓迫求自由、平等的理想，在康有爲和孫中山
看來是文明進化的目的，也是必然要實現的理想。然而，倘若文明
進化的邏輯是優勝劣敗，與大同主義反壓迫、求平等的衝突如何化
解？

　　甲午戰敗後，自英國留學歸來的嚴復開始大量翻譯與介紹西學，
其中赫胥黎的《進化與倫理》（Thomas H. Huxley, *Evolution and
Ethics*, 1893出版）影響最大。嚴復以桐城派古文翻譯了這本以社會
進化論爲主題的書，書名譯爲《天演論》，設定的讀者是菁英知識分
子。將社會進化論介紹給一般知識大眾，並產生普遍影響的是使用接
近口語的「新民體」來介紹西學的梁啓超，他尤其醉心於社會進化
論。梁啓超曾經信奉康有爲的「三世進化」說，如今在赫胥黎的社會
進化論找到了更好的表達。然而「三世進化」內部演進的規則是什
麼？在不同的階段是否有不同的運作規則？對梁啓超來說，赫胥黎的
社會進化論只有一個規則，就是「優勝劣敗」。赫胥黎將達爾文生物
生存競爭的規律類比地套用在人類社會當中，認爲人類社會如同有機
體一樣遵循同樣的自然法則。梁啓超似乎毫無保留地接受了赫胥黎的
主張，在他大力推介之下，社會進化論成了當時知識界最有影響力的
學說之一。梁啓超並且認爲戰國時代多元競爭的時局，有利於文明的
高度發展，大一統帝國未必具有此一創造性的動能。換句話說，若升
平世是多元並列的格局，在此一格局內就可以實現理想社會，未必要
進入大一統才是太平之世。人類社會在不同階段的進化，同樣根據
優勝劣敗的邏輯，並沒有外於社會進化論更高的原理或別的進化原
則。預設並追求大一統理想，反而阻卻了內部多元力量的競爭，秦漢
大一統被認爲是好的，因爲它結束了戰國混亂的局面，此一先入爲主
之見，使中國兩千多年來中斷了競爭，防礙了社會進化，造成清末社

會結構性停滯的主因。[32]梁啟超和康有為師生之間的思想差距，其實比康有為和孫中山這對政治論敵還更大，梁是務實的力量主義，康孫則是理想的道德主義。百年來中國社會所追求的富強政策，走的是梁啟超的路線，康孫則不免是不切實際的烏托邦空想。

　　康有為與孫中山一方面接納了社會進化論的思想，卻沒同時看到此一思想與他們所信奉的儒家大同主義之間有不可調解的衝突。當時受到赫胥黎影響的知識分子認為，中國再不進步就會被列強淘汰，這是百年來推動中國進步的主導性思維。康有為和孫中山冀望大同之世的來臨可以止息戰爭，然而優勝劣敗的邏輯卻否定消除戰爭的可能性。康有為和孫中山認為，傳統儒家的王道精神可以超越物種競爭的習性，然而驗諸中國歷史，結束戰國競爭局勢，秦漢大一統憑藉的是兵家和法家的政濟軍事力量，也就是霸道而不是王道，儒家只負責國內禮法秩序的建立，在對外政治、外交、軍事的政策上，儒家思想可以發揮的空間相當有限。儒家的王道精神在古代若未能實現，為何能落實於當代？康有為根據公羊春秋的思想，預設了「一統垂裳」的大一統國際秩序，具有超越於民族國家的規範性力量。但是在主權國家的時代是列國並列的格局，多元力量之間若權力落差不大仍有平等對話、互惠合作的可能，一旦出現獨大的權力，要打破多元力量之間動態平衡的關係輕而易舉，那時要用王道或是霸道難道只存乎擁有獨大權力者的一念之心？關鍵仍在於多元力量之間的動態平衡如何維繫，國際秩序絕不能依托在大國一念之仁的主觀基礎之上。

　　時為同仁館總教習的美國傳教士丁韙良（William Martin）在1864年翻譯刊行了惠頓（Henry Wheaton）所著的《萬國公法》（*Elements of International Law*）。王朝朝貢體系崩潰之後，中國知識分子接受了《萬國公法》中的國際秩序規範，這是系統地向中國人介紹

---

[32] 關於梁啟超與中國社會納受社會進化論的過程參考〔日〕佐藤慎一著，劉岳兵譯：《近代中國的知識分子與文明》，頁91-100。

國際法最早的書籍之一。《萬國公法》具有濃厚的自然法思想，認為制約國際關係的法規體系，就如同自然秩序一樣是既定的存在。作為普遍的法規體系的《萬國公法》，是建立在如主權國家彼此之間平等原則等幾個基本原理之上，這些原理對中國人而言聞所未聞，而且和中國以冊封和朝貢為主軸構成的傳統對外關係相衝突。王朝朝貢體系是規範君臣的禮儀，《萬國公法》則是對等國家之間的外交原理。[33]

　　汪暉則認為，丁韙良翻譯這本書有其深刻的動機，一是在實際上讓歐洲的國際法準則成為中西交往的規範，二是從理念上力圖讓來自於歐洲的自然法原理，以帶著啓蒙主義的特點來讓中國人接受「原初只來自於歐洲」民族國家間的規範秩序，成為普世的國際秩序。自秦漢以來，中國作為大一統帝國沒有外交，也不需要國際法。直到鴉片戰爭之後，中國才被帶入這個「被公平地稱之為文明世界的公法之劍下」。然而，丁韙良同時主張，中國在春秋時代已有與歐洲國際公法的類似理念，孔子被看成魯國的外交部長，列國的縱橫家也是職業的外交家。只是在秦漢大一統之後，中國才沒有了對外關係，即使早期曾與羅馬帝國有所接觸，後來也與歐洲西亞之間有若干有限的貿易，但是對遙遠的強權與歐洲國家內部的多樣性，中國既無認識也未在政治上產生任何實質的影響。秦漢以後的帝國被理解成一個與「現代」相互對立的歷史存在，缺乏任何形成國際法的條件。中國在秦漢以後並無「國家」（只有以王朝為核心的「天下」），但在春秋戰國時期則有類似近代西方的國家。春秋戰國分立的國家，雖然在儒者看來是禮樂征伐不由天子出的禮崩樂壞，但在歐美現代性視野中，列國分立的局面卻隱涵著現代化、理性化的因素。[34]

　　丁韙良對先秦的理解和梁啓超的看法相通，回到戰國多元力量的交往規範，來為現代的中國國家觀念與國際法原理找到合法性的根

---

[33] 〔日〕佐藤慎一著，劉岳兵譯：《近代中國的知識分子與文明》，頁32-33。
[34] 汪暉：《現代中國思想的興起》上卷第二部，《帝國與國家》，頁710-714。

基，但是這便意謂著，中國的現代性與西歐並無不同，中國在春秋戰國時期的文明，至少已有足以媲美西歐現代性的一定思想與社會基礎，然而若是現代歐洲與古代中國分享著相同的現代性，其實質的內涵究竟是以歐洲爲規範的基準還是古代中國？答案似乎不言自明。汪暉認爲，丁韙良的目的是把中國納入歐洲《萬國公法》的秩序之後，通過對《周禮》等同一時期文獻的考察，證明歐洲法律與中國古代文明遺產不謀而合，於是強加於中國的國際秩序便得以合法化。[35]

　　以天朝自居的中國，是以君臣的不平等關係來看待自身和周邊的國家，直到1842年之後中國陸續簽訂了《南京條約》、《天津條約》、《北京條約》等對中國單方面不利的不平等條約，以及吸收了《萬國公法》的觀念，才產生了對不平等條約的批判意識。[36]康有爲的《大同書》想要泯除國界、消除戰爭，是以孔子學說爲據合法化現代國家的平等意識，並讓儒學走出地域、歷史的限制，成爲有如《萬國公法》的普遍規範。康有爲想要用新的世界性框架重構儒學，他加入了西方的地理與科學知識，想要去除種族、階級、國家的界限。打破界限要求平等是他的大同理想，然而，要用什麼方式、什麼標準來打破界限？例如在種族的問題上，汪暉敏銳地注意到，康有爲還是在不同種族之間設定了等級化的高低區分，實現大同的過程，是以轉化或消滅低等種族爲目的。汪暉批評康有爲的普遍主義並沒有認可差異，而是取消了對差異的認可，康有爲的平等主義「導向以白色人種爲標準而取消種族差異的平等主義。這種普遍主義毋寧是一種以白人爲中心的社會達爾文主義」。[37]我們再次看到，想要以大同主義來化解優勝劣敗的社會進化論邏輯是如何地自相矛盾，康有爲想要取消民族國家藩籬的限制，但是仍然運用了造成此一限制的相同

---

[35] 汪暉：《現代中國思想的興起》上卷第二部，《帝國與國家》，頁717-718。

[36] 〔日〕佐藤慎一著，劉岳兵譯：《近代中國的知識分子與文明》，頁37。

[37] 汪暉：《現代中國思想的興起》上卷第二部，《帝國與國家》，頁772。

邏輯。關鍵在於，「大一統」的同一性若是透過政經軍事的外在力量強加於差異性之上，想要泯除差異性的多元力量，後果便是來自多元力量的創造性趨於貧弱化，或是聚集力量，伺機反撲，以瓦解外在的強制性爲目的。「大一統」的同一化和「多元性」的差異化是兩種互相需要的力量形式，積極的跨文化張力，來自對於同一化和差異化的相互關係的肯定而不是掩蓋與否定。如何釋放此一跨文化張力的動能，而不是讓「大一統」和「多元性」成爲互相否定的消極關係，是回顧二十世紀初的中國現代化方案可以得到的啓示。

參考書目

壹、古籍

〔漢〕許慎撰，〔清〕段玉裁注：《說文解字注》，臺北：洪葉文化，2005年。

〔魏〕王弼著，樓宇烈校釋：《老子周易王弼注校釋》，臺北：華正書局，1983年。

〔魏〕王弼、韓康伯注，〔唐〕孔穎達等正義：《周易正義》，《十三經注疏》第1冊，臺北：藝文印書館，2001年。

〔唐〕孔穎達疏：《春秋左傳正義》，《十三經注疏》第6冊，臺北：藝文印書館，2001年。

〔宋〕朱熹：《四書章句集注》，北京：中華書局，2008。

〔宋〕張載：《正蒙》，收於《張載集》，臺北：漢京文化，1983年。

〔明〕王夫之：《四書箋解》，收於《船山全書》第6冊，長沙：岳麓書社，2010年。

〔明〕王夫之：《周易大象解》，收於《船山全書》第1冊，長沙：岳麓書社，2010年。

〔明〕王夫之：《周易內傳》，收於《船山全書》第1冊，長沙：岳麓書社，2010年。

〔明〕王夫之：《思問錄》，收於《船山全書》第12冊，長沙：岳麓書社，2010年。

〔明〕王夫之：《俟解》，收於《船山全書》第12冊，長沙：岳麓書社，2010年。

〔明〕王夫之：《張子正蒙注》，收於《船山全書》第12冊，長沙：岳麓書社，2010年。

〔明〕王夫之：《讀四書大全說》，收於《船山全書》第6冊，長沙：岳麓書社，2010年。

〔明〕王夫之：《尚書引義》，收於《船山全書》第2冊，長沙：岳麓書社，2010年。

〔明〕王夫之：《讀通鑑論》，收錄於《船山全書》第10冊，長沙：岳麓書社，2010年。

〔明〕王夫之著，王孝魚點校：《老子衍；莊子通；莊子解》，北京：中華書局，2010年。

〔明〕羅洪先：《羅洪先集·上》，南京：鳳凰出版社，2007年。

170　氣的跨文化思考——王船山氣學與尼采哲學的對話

〔清〕王先謙：《荀子集解》，北京：中華書局，2008年。
〔清〕郭慶藩編，王孝魚整理：《莊子集釋》，臺北：萬卷樓圖書，
　　1993年。
〔清〕沈宗騫：《芥舟學畫編》，收於《續修四庫全書》1086冊，
　　上海：上海古籍出版社。
〔清〕康有為：《春秋董氏學》，收於《康有為全集》第2冊，上
　　海：上海古籍出版社，1990年。
〔清〕康有為：《萬木草堂口說》，收於《康有為全集》第2冊，上
　　海：上海古籍出版社，1990年。

貳、今人論著

一、專書

牟宗三：《現象與物自身》，臺北：臺灣學生書局，1984年。
牟宗三：《才性與玄理》，臺北：臺灣學生書局，1985年。
牟宗三：《中國哲學十九講》，臺北：臺灣學生書局，1986年。
牟宗三：《心體與性體》第2冊，臺北：正中書局，1987年。
牟宗三：《政道與治道》（增訂新版），臺北：臺灣學生書局，1987。
牟宗三：《歷史哲學》，臺北：臺灣學生書局，1988年。
牟宗三：《五十自述》，臺北：鵝湖出版社，1989年。
牟宗三：《生命的學問》，臺北：三民書局，1991。
李山：《先秦文化史講義》，北京：中華書局，2008年。
李台京：《中山先生大亞洲主義研究——歷史回顧與當代意義》，臺
　　北：文史哲出版社，1992年。
李零：《死生有命，富貴在天：《周易》的自然哲學》，香港：生
　　活・讀書・新知三聯書店，2013。
汪暉：《現代中國思想的興起》，北京：生活・讀書・新知三聯書
　　店，2008年。
汪學群：《王夫之易學——以清初學術為視角》，北京：社會科學文
　　獻出版社，2002年。
唐君毅：《中國哲學原論・原道篇卷一》，臺北：臺灣學生書局，
　　1986年。
唐君毅：《中國哲學原論・原教篇》，臺北：臺灣學生書局，1990
　　年。
唐君毅：《中國文化之精神價值》，臺北：正中書局，1991年。
孫文：《孫中山全集》，北京：中華書局，1981-6年。

徐復觀：《中國藝術精神》，臺北：臺灣學生書局，1998年。

許倬雲：《華夏論述：一個複雜共同體的變化》，臺北：遠見天下文化，2015年。

張耀鑫、劉媛：《康有為大傳》，臺北：五南圖書，2014年。

莫世祥：《中山革命在香港》，香港：三聯書店，2011年。

費孝通：《費孝通文集》，北京：群言出版社，1999年。

賀淵：《三民主義與中國政治》，北京：社會科學文獻出版社，2002年。

黃宇和：《孫逸仙在倫敦，1896-1897：三民主義思想探源》，臺北：聯經出版社，2007年。

黃明同、張冰、張樹旺著：《孫中山的儒學情結──中華文化的傳承與超越》，北京：社會科學文獻出版社，2010年。

楊儒賓：《儒門內的莊子》，臺北：聯經出版社，2016。

葉維廉：《道家美學與西方文化》，北京：北京大學出版社，2002年。

熊十力：《讀經示要》，臺北：明文書局，1987。

樓宇烈校釋：《老子周易王弼注校釋》，臺北：華正書局，1983年。

盧元駿註釋：《說苑今註今譯》，臺北：臺灣商務印書館，1979年。

蕭萐父、許蘇民：《王夫之評傳》，南京：南京大學出版社，2011年。

賴錫三：《道家型知識分子論》，臺北：臺大出版中心，2013年。

羅家倫、黃季陸主編，秦孝儀、李雲漢增訂：《國父年譜》下冊，臺北：中國國民黨黨史委員會出版，1994年。

龔卓軍、林怡秀主編：《我們是否工作過量I：工作手冊》，臺北：誠品，2013年。

Jean François Billeter著，宋剛譯：《莊子四講》，臺北：聯經出版社，2011年。

Adrian Heathfield, Tehching Hsieh著，龔卓軍譯：《現在之外：謝德慶生命作品》，臺北：典藏藝術家庭，2012年。

佐藤慎一著，劉岳兵譯：《近代中國的知識分子與文明》，南京：江蘇人民出版社，2006年。

Walter Isaacson著，廖月娟、將雪影、謝凱蒂譯：《賈伯斯傳》，臺北：天下文化，2011年。

François Jullien著，林志明、張婉真譯：《本質或裸體》，臺北：桂

冠圖書，2004年。

François Jullien著，卓立譯：《淡之頌──論中國思想與美學》，臺北：桂冠圖書，2006年。

François Jullien著，卓立譯：《勢──中國的效力觀》，北京：北京大學出版社，2009年。

François Jullien著，林志明譯：《功效論：在中國與西方思維之間》，臺北：五南圖書，2011年。

François Jullien著，卓立、林志明譯：《間距與之間：論中國與歐洲思想之間的哲學策略》，臺北：五南圖書，2013年。

Julieta Aranda, Anton Vidokle, and Brian Kuan Wood ed., Are You Working Too Much? Post-Fordism, Precarity, and the Labor of Art, New York: Sternberg Press, 2011.

Carlo Gentili, *Nietzsches Kulturkritik. Zwischen Philologie und Philosophie*, aus dem Italienischen übersetzt von Leonie Schröder, Basel: Schwabe, 2001.

G. W. F. Hegel, *Grundlinien der Philosophie des Rechts*, in: ders., *Werke in zwanzig Bänden*, Band 7, Suhrkamp: Frankfurt am Main, 1986.

Axel Honneth, *Das Recht der Freiheit. Grundriß einer Demokratischen Sittlichkeit*, Suhrkamp: Berlin, 2013.

Axel Honneth, *Kampf um Anerkennung. Zur Moralischen Grammatik Sozialer Konflikte. Mit einem Neuen Nachwort*, Suhrkamp: Frankfurt am Main, 2014.

Christoph Menke, *Kraft. Ein Grundbegriff Ästhetischer Antropologie*, Frankfurt am Main: Suhrkamp, 2008.

Jean-Luc Nancy, *Identität. Fragmente, Freimütigkeiten,* aus dem Französischen von Richard Steurer, Wien: Passagen Verlag, 2010.

Friedrich Nietzsche: *Sämtliche Werke. Kritische Studienausgabe in 15 Bänden*, hrsg. von G. Colli/M. Montinari, München/Berlin/New York: Walter de Gruyter & Co, 1980.

Martin Saar, *Genealogie als Kritik. Geschichte und Theorie des Subjekts nach Nietzsche und Foucault.* Frankfurt/New York: Campus Verlag, 2007.

Bernhard Waldenfels, *Grundmotive einer Phänomenlogie des Fremdem*, Frankfurt am Main: Suhrkamp Verlag, 2006.

Karl A. Wittfogel, *Sun Yat Sen. Aufzeichnungen Eines Chinesischen Revolutionärs. Herausgegeben und eingeleitet durch eine Darstellung der Entwicklung Sun Yat Sens und des Sun-Yat-Senismus*, Wien/Berlin: Agis-Verlag, 1927.

二、專書論文

李金強：〈辛亥革命的研究〉，收於《六十年來的中國近代史研究》，臺北：中央研究院近代史研究所，1989年。

唐君毅：〈中國歷史之哲學的省察——讀牟宗三先生《歷史哲學》書後〉，收於牟宗三：《歷史哲學》，臺北：臺灣學生書局，1988年，附錄一，頁8-9。

張廣達：〈唐代的中外文化匯聚和清末的中西文化衝突〉，收於《中國傳統文化再檢討》，臺北：谷風出版社，1987年。

麥勁生：〈1912年前孫中山先生思想的幾條線索〉，收於麥勁生、李金強編著：《共和維新：辛亥革命百年紀念論文集》第四章（頁61-74），頁69-70。

Wolfgang Bauer, "Die Synthese Sun Yat-sens", in: ders. *China und die Hoffnung auf Glück: Paradiese, Utopien, Idealvorstellungen*, München: Carl Hanser Verlag, 1971.

James C. O'Flahert, "Socrates in Hamann's Socratic Memorabilia and Nietzsche's Birth of Tragedy", in James C. O'Flaherty, Timothy F. Sellner, and Robert M. Helm, ed., *Studies in Nietzsche and the Classical Tradition*, Chapel Hill: University of North Carolina, pp. 114-143.

Friedrich Ulfers and Mark Daniel Cohen, "Nietzsche's Ontological Roots in Goethe's Classicism", in: Paul Bishop ed., *Nietzsche and Antiquity. His Reaction and Response to the Classical Tradition*, Rochester, NY: Camden House, 2004, pp. 425-440.

三、期刊論文

干春松：〈康有為的「建國方略」〉，《讀書》8月號，2014年8月，頁107-114。

何乏筆：〈養生的生命政治：由于連莊子研究談起〉，《中國文哲研究通訊》第18卷第4期，2008年12月，頁115-138。

何乏筆：〈從權力技術到美學修養：關於傅柯理論發展的反思〉，《哲學與文化》第37卷第9期，2010年3月，頁85-102。

何乏筆：〈氣化主體與民主政治：關於《莊子》跨文化潛力的思想實驗〉，《中國文哲研究通訊》第22卷第4期，2012年9月，頁41-73。

宋灝：〈逆轉與收回：《莊子》作為一種運動試驗場域〉，《中國文哲研究通訊》第23卷第3期，2012年9月，頁169-187。

黃冠閔：〈牟宗三的感通論：一個概念脈絡的梳理〉，《中國文哲研究通訊》第19卷第3期，2009年，頁65-87。

劉滄龍：〈自然與自由──莊子的主體與氣〉，《國立政治大學哲學學報》第35期，2016年1月，頁1-36。

劉滄龍：〈「不齊之齊」與「氣韻」（Aura）──從王船山《莊子解》談莊子齊物思想的美學政治意涵〉，《文與哲》第28期，2016年6月，頁321-346。

賴錫三：〈論先秦道家的自然觀：重建一門具體、活力、差異的物化美學〉，《文與哲》第16期，2010年6月，頁1-44。

賴錫三：〈莊子與羅蘭巴特的旦暮相遇──語言、權力、遊戲、歡怡〉，《台大中文學報》第37期，2012年6月，頁39-87。

龔卓軍：〈庖丁手藝與生命政治：評介葛浩南《莊子的哲學虛構》〉，《中國文哲研究通訊》第18卷第4期，2008年12月，頁80-86。

Rolf Elberfeld, "Durchbruch zum Plural der Begriff der Kulturen bei Nietzsche", *Nietzsche-Studien*, Vol.37 (Nov., 2008), S. 115-142.

四、網路資源

《維基百科》「謝德慶」條目，網址：http://zh.wikipedia.org/wiki/%E8%AC%9D%E5%BE%B7%E6%85%B6

各章內容原發表出處說明

　　本書各章內容初稿均已在學術研討會中發表，若干篇章則修改後在期刊出版，凡已在期刊發表者只列期刊出處，特此一併向出版單位致謝。原稿無論是會議論文或期刊論文，在本書均經過修改，惟修改幅度視需要而定，程度不一。

導論

劉滄龍：〈跨文化思考中的氣、主體與工夫〉，「心性現象學與心性哲學學術研討會」，國立中山大學哲學研究所主辦，2015年3月20-21日。

第一章　內在多元的主體

劉滄龍：〈跨文化思考中的主體與工夫——從「內在多元的主體」解讀王船山氣的思想〉，收入潘朝陽主編，《跨文化視域下的儒家倫常》下冊，臺北：臺師大出版中心，頁577-600。

第二章　氣的工夫

劉滄龍：〈王船山「氣的工夫」〉，「儒道國際學術研討會——（六）明清」，國立臺灣師範大學國文學系主辦，2014年11月1-2日。

第三章　內在他者性

劉滄龍：〈跨文化思考中的「內在他者性」——系譜學與氣的思維〉，「尼采在21世紀」，香港浸會大學人文及創作學系主辦，2014年11月5-6日。本文亦通過《文化研究》審查。

第四章　「二氣交感」中的自由

劉滄龍：〈王船山氣學思想的現代意義〉，「王船山哲學的當代詮釋工作坊」，中央研究院中國文哲研究所主辦，2015年3月7日。

第五章　氣化美學與文化轉化

劉滄龍：〈淡勢之間——氣、力量美學與文化轉化〉，《中國文哲研究通訊》，第25卷第1期，2015年3月，頁71-90。

附錄一　當代新儒學與文化認同

劉滄龍，〈「精神實體」與「內在多元的主體」——當代新儒學如何面對差異〉，「當代儒學國際學術會議：儒學之國際展望」，國立中央大學主辦，2012年9月26-28日。

附錄二　跨文化張力中的儒家政治思想——康有為與孫中山的現代化方案與大同社會理想

劉滄龍，〈跨文化張力中的儒家政治思想——康有為與孫中山的現代化方案與大同社會理想〉，《思想》，第28期，2015年5月，頁69-92。

Note

國家圖書館出版品預行編目資料

氣的跨文化思考：王船山氣學與尼采哲學的對
話／劉滄龍著. －－初版. －－臺北市：五南，
2016.08
　面；　公分
ISBN 978-957-11-8762-4（平裝）

1.(清)王夫之　2.尼采(Nietzsche, Friedrich
Wilhelm, 1844-1900)　3.哲學　4.跨文化研究

127.15　　　　　　　　　　　　　　105014676

1X4F　五南當代學術叢刊27

氣的跨文化思考
王船山氣學與尼采哲學的對話

作　　者 ― 劉滄龍

發 行 人 ― 楊榮川

總 經 理 ― 楊士清

副總編輯 ― 黃惠娟

責任編輯 ― 蔡佳伶

封面設計 ― 陳翰陞

出 版 者 ― 五南圖書出版股份有限公司

地　　址：106台北市大安區和平東路二段339號4樓

電　　話：(02)2705-5066　　傳　　真：(02)2706-6100

網　　址：http://www.wunan.com.tw

電子郵件：wunan@wunan.com.tw

劃撥帳號：01068953

戶　　名：五南圖書出版股份有限公司

法律顧問　林勝安律師事務所　林勝安律師

出版日期　2016年 8 月初版一刷
　　　　　2018年10月初版二刷

定　　價　新臺幣280元

※版權所有·欲利用本書內容，必須徵求本公司同意※